COSMIC
GARDEN
Forerunner

The Portal to Cosmic Consciousness

解密阿卡西紀錄

THE AKASHIC RECORD

Made Easy: Unlock the Infinite Power, Wisdom and Energy of the Universe

輕鬆開啟宇宙無窮的力量、智慧與能量

這本書幫助你取回自己的力量；你將意識到你的心就是通往宇宙的入口

《量子物理與宇宙法則》作者 珊卓・安・泰勒（Sandra Anne Taylor）／著

張志華、蕭寶森／譯

園丁的話

阿卡西紀錄是我們的能量傳記，真實版。強調真實版是因為「傳記」敘述的不必然是真相。要看講述的人和執筆者而定。就像歷史教科書不盡然教的是真實的歷史，在人類史上淪為政治工具，為特定意識型態服務也不是沒有的事，就在現在也正在發生。想想，如果各個國家的下一代從小接收到的是被扭曲的歷史真相，被灌輸的是目光如豆的狹隘觀點，對不同種族、族群、宗教，甚至性別的偏見，在這種偏狹的視野和欠缺理解、尊重、包容的教育及社會環境下養成的下一代，可以想見會是如何欠缺辨別是非和獨立思考的能力，其智性和心靈層次亦可想見，而這絕非人類和地球之福。

言歸正傳。先說明，出版這本書不是要大家去找人解讀阿卡西紀錄。我對此持保留和謹慎的態度。一來，貨真價實的解讀者，真正能接通阿卡西紀錄，又能摒除小我和自我經驗的投射，做出正確解讀的人並不多。二來，這類心靈或通靈的事，需要些天賦（累世的努力所造就），不是初學者上完課就可急著對外宣傳接個案收費，或未經對方同意，就以「我看到你的阿卡西紀錄如何如何……」，這樣的運作是誤人誤己。凡涉及心靈/通靈，尤其會影響他人的人生決定或自我認知的事，不論是教導方、學習方和服務方，都該份外覺察自己的意圖和起心動念。不幸的是，不少不符專業資格和道德的人在市場活躍，這是台灣和大陸身心靈圈的亂象之一（不是針對阿卡西課程，所謂的身心靈課程／工作坊不少皆是如此）。

如要找人解讀自己的阿卡西紀錄（或進行任何靈性療法），請一定要慎選解讀者。一個選擇的依據就是這個人的心性。客觀、誠實，心存正念、以服務為本的身心靈工作者，才能提供真實或最接近真實的解讀。而這些，事實上應該是所有身心靈療法的從事者和老師的基本品質。正規的身心靈工作者扮演的是協助，是橋樑的角色，不是怪力亂神，也不會利用他人的茫然而掌控他人，剝奪他人內在的力量。

阿卡西紀錄是真實存在的資訊能量庫，每個人都能從這個宇宙雲端取得有助成長的資料，然而是否真的有接通，抑或接通後能否正確解讀，是否可分辨所見是事實或妄念都很重要。如果遇到不學無術的江湖郎中或舌燦蓮花的神棍，那就更是完全失去花錢解讀的意義，甚至還會造成對身心的負面影響。良莠不齊的身心靈圈有太多浮誇虛假的人事，真的要謹慎。遇到不對的事或沒品的人，也不要悶不吭聲，這只會助長負面風氣。

話說，市面上某些商業的「身心靈」平台所仲介的課程，還有新時代神棍，他們的目的和優先考量都是金錢，不是你的福祉。台灣的身心靈圈從早期 lie center 平台的濫用「高靈」名詞，宣傳國外神棍製造崇拜和有害心靈的認知，到一堆所謂的「老師」（包括神棍），錯誤詮釋靈性知識或不當使用，以致不少身心靈工作者和對身心靈有興趣的人，對某些基本靈性道理有著錯誤理解，這種種都造成台灣身心靈圈看似蓬勃發展，實則靈性倒退的事實。我知道這樣說會得罪不少人，但我還是會繼續說真話。

之所以出版這本書，是為了讓大家了解何謂阿卡西紀錄和運作其中的奧秘（它絕不是只有人類資料而已），並讓大家知道，每一個人都可以透過向內尋找，發掘自己的力量，為自己找到生命的解答。出版這本書的目的一如宇宙花園每一本書的目的：協助讀者認知自己的屬靈身分，知道自己的價值和力量，幫助讀者取回和發揮內在力量，進而走出人世幻相。

其實，靈性的路無非就是向內探索，了解自己，誠實面對自己和他人。如果無法活出所學的道理，花再多錢、上再多課也是枉然。同理，如果平台的經營者仲介國內外課程想的是錢和虛名，對做人做事的基本誠實和道德置若罔顧，說謊如呼吸般自然，這樣的身心靈平台也只是自欺欺人罷了。

靈性這條路，沒有人能夠代勞。只有你親自踏上向內的旅程，從誠實面對自己開始，才能一步步走出這個三次元的幻相時空。本書的內容也正好提供了省思我們這世的心思和行為的機會。願所有讀者能因此書的提醒，提升思維的層次，總能做出令自己感到光榮的選擇，使個人生活和整體（國家和這個星球）的前景，皆能朝向正面發展。

願我們的行為都能榮耀自己，榮耀彼此。

目次

PART III

一個充滿資訊與機會的宇宙

PART IV

無盡的紀錄

謹以此書獻給我的父母
隆納德與莎拉・瑪莉・克林格勒（Ronald and Sarah Marie Klingler）
他們至今仍在那美麗的「阿卡西場域」引領著我

作者序

「阿卡西紀錄」是足以改變我們生命的資訊。坊間有許多相關書籍，而各家哲學與靈性修習對此的探究方法也相當多樣。

阿卡西紀錄是資訊與能量的資料庫。它們是亙古存在的共振，在我們的生命與宇宙裡持續擴展。它們存在於最微小的粒子，也存在於最浩瀚的場域。事實上，它們是粒子，是波，是意識，是能量，也是永不消失的資訊。它們涵蓋了生命的一切謎團——你的生命、我的生命，以及我們所知的生命出現之前的所有生命——即使在我們所知的世界消失之後，它們仍將持續存在。這些都使得阿卡西紀錄聽來非常神祕，而我的目的正是要揭開它的神祕面紗。

阿卡西紀錄雖然深奧玄秘，卻也非常實用，一旦知道其中奧妙，我們便可將它應用在生活的各個面向。

大多數人透過阿卡西紀錄來了解過往事件如何影響他們現在的生活，無論這個事件是發生在今生還是前世。雖然這不是我們探究阿卡西紀錄的唯一目的，但對人們而言，這個功能卻深具吸引力。

我們每一個人都渴望能夠改變困境，希望知道事情發生的源由；我們渴望療癒，我們想要自己更有力量，希望生活得更好、更快樂。阿卡西紀錄裡的資料就能幫助我們達成這些目標。這是為什麼人們對阿卡西紀錄的興趣與日俱增。事實上，阿卡西紀錄儲存著你的永恆生命裡的所有資料，而且你也有能力去檢視這個資料庫，觀看過往一切和可能的未來。

當你透過阿卡西紀錄看到過去發生的種種，你會看出你的生命裡存在著某些模式，而這些模式至今仍影響著你。你也會很驚訝地發現，你和熟悉的人之間存在著你們不知道的前世關係。你也將看出你目前面臨的問題和追求的目標究竟根源何處。這樣的知曉會賦予你強大的力量，因為你不僅能從阿卡西紀錄獲得所需的資料，你也能修改過去的紀錄，轉變目前的模式，進而解決你渴望解決的問題。

接通阿卡西紀錄的力量

要連結卡西紀錄的資訊與能量並不困難，因為這些紀錄就在你的周遭和你的內心。

它們存在於乙太和這個世界的各種能量裡。只要你願意，而且有方法，你隨時可以開啟這個資料庫。

阿卡西紀錄一直存在於每個靈魂、每個人的身體細胞和永恆的心靈。你可以向外探尋，也可以向內檢視，可以追溯過往，也可一窺未來；透過阿卡西紀錄，你可以改變你的人生。

有人說開啟阿卡西紀錄的步驟很繁複，但事實上簡單得多。本書裡的所有練習和技巧都是設計來幫助你以特定的方式開啟阿卡西紀錄，以便得到你所需的特定資料。事實上，在這個過程當中，你將會發現你對阿卡西紀錄所蘊含的各類資訊愈來愈敏銳。你也會很驚訝地發現，你可以透過許多奇妙，甚至自發性的方式得到啟發和訊息。

隨著閱讀本書，你也會發現你的直覺愈來愈強。事實上，如果你發現自己開始在愈來愈多的生活領域裡與靈界生命產生連結，並且強烈感受到他們的臨在，你也無須訝異。畢竟，探索阿卡西紀錄不僅可為你帶來過去、現在與未來的許多潛能，也能讓你獲得世俗的知識並了解神聖的真理。

阿卡西紀錄會開啟靈魂界域的能量，你將能與天使、指導靈及充滿愛的靈體建立終生連結。事實上，這些天使、指導靈和慈愛的靈體一直都在你身邊，並且樂意以他們所能的方式來幫助你。他們在「阿卡西場域」自由來去，隨時準備與你連結，為你帶來啟發和指引，使你的人生更加光明。

總之，阿卡西場域充滿無限的智慧，當你開啟了通往這些智慧的大門，只要你要求，不論是重要的發現、藝術、表達能力還是創意，皆垂手可得。

當你進入阿卡西場域，你能夠查看並改寫過去的紀錄，清除造成你目前困境的障礙，改善人際關係和財務狀況，並改變那些發生於過往特定時空，而且至今仍影響你的事件。

此外，你還能大幅改變你現在正在寫下的生命紀錄。藉由記錄你的想法與行動，你能夠改變你的人生品質，而這樣的動態能量將進而創造出嶄新的「未來紀錄」，使你的命運大為改觀。

說到未來，你也可以進入阿卡西紀錄去預見你的未來。由於未來是充滿「可能性」的維度，你可以根據你看到的情景判斷自己需要做些什麼，以便獲得你想要的結果。你甚至可以以你渴望的成就、情緒與體驗來設定未來。

上面所提到的只是開啟並解讀阿卡西紀錄的一些重要原因。無論你想了解宇宙的運作、改善目前的情感／人際關係、發明新事物、寫一本小說，或是追求嶄新的未來，你都可以從阿卡西紀錄獲取智慧、指引與能量。而且，無論你的目標為何，撰寫「阿卡西日誌」都會很有幫助。畢竟，在撰寫時，你會比較清楚自己在做些什麼，並且能加速目標的實現。

你的阿卡西日誌

如果你讀過我的其他著作，你就會知道我向來都建議讀者養成寫日誌的習慣。這個做法一來可以讓你宣洩感受，二來可以幫助你深入認識這些感受。當你開始探索阿卡西紀錄時，它對你的幫助會更大，因為單是寫下經歷的過程就可以幫助你更清楚自己的阿卡西紀錄。

首先，請準備一本日誌，把自己每天的活動和情緒記錄下來。當你讀到第七章，明白自己無時無刻不在創造阿卡西紀錄時，你的日誌將能協助你覺察自己的能量和這些能量造成的影響。透過每天書寫日誌，你將會清楚知道在探索阿卡西紀錄時需要優先了解的議題和事項。

此外，我也建議你把日誌擺在床頭，以便隨時記下你在夢中得到的任何資訊，這些資訊將是你用來開啟阿卡西紀錄和接收靈感的重要工具。

你甚至可在睡前將你的意圖寫在日誌，陳述自己希望得到哪方面的資料。如果你正從事某種創造性的工作，或是希望在某個領域有新發現，或是想知道前世的某些事情，把它寫在當天那頁的最上方，要求在夢中得到相關資料。當然，你不一定每次都要為你的夢設定目標，因為你所需要的答案往往會自動浮現，這是你的潛在意識一直渴望與阿卡西紀錄連結以獲得資訊與靈感的結果。

你也可以在日誌寫下做完書中練習後的想法。當你開始進行這些步驟，你將會收到更多直覺式的訊息，記得也把這些訊息寫下來。請相信自己的直覺，並試著去運用從阿卡西紀錄所得到的資料。

我在書裡提供了很多相關的技巧，也許你一時之間難以完全消化，但你不必急著全部一次做完。我的目的是提供你許多練習的選項，讓你從中找到最適合自己，最有共鳴的練習並加以運用。

我愈來愈相信，阿卡西紀錄裡的資訊包羅萬象，但每個人接收這些資訊的方法各有不同。事實上，我在寫書期間所做的許多研究都讓我相信，所有資訊都是直接或間接地來自阿卡西的界域。

阿卡西紀錄裡的量子物理學

這幾十年來，我經常在我的著作和演講談到量子物理學的定律如何反映了人類的經驗。我也一再看到這些定律是如何清楚地呈現和適用於我們個人的生活和整個世界。其中有個很重要的理論就是「海森堡測不準原理」（Heisenberg Uncertainty Principle）。這個理論指出，宇宙以流動的狀態存在，變化隨時可能發生。而我之所以撰寫本書，便是因為這種變化的可能性以及它對我們現在和未來生活品質的影響。**能量的變化會導致結果的不同**。因此，我們所做的改變，哪怕怎麼微小，都有可能大幅改寫我們的命運。我相信，改變人生的終極方法便是取回我們的力量，自主決定我們在每個當下所寫下的紀錄。

事實上，這些年來我所寫的每一本書都是基於這個動機。我希望鼓勵人們掌握自己的人生，運用手邊能夠取得的所有工具來達成這個目標。既然量子物理學裡有關「能量」與「意識」的原理是我們所要談論的事實基礎，而且也是阿卡西紀錄裡很重要的一部分，我在這本書也會討論這些原理。如果你想進一步認識有關意識創造的理論和其他的宇宙法則，我建議你閱讀《量子物理與宇宙法則——量子成功的科學》、《吸引力的祕密》（*Secrets of Attraction*），以及我之前的幾本著作。如果你想更了解如何探尋前世種種並改變它們對你的影響，可以閱讀《解構前世密碼——你可以改變你的人生》，書中對相關經驗有更深入的探討。雖然《解構前世密碼》所描述的步驟和本書提到的前世程序有些不同，但它仍會對你有所幫助。此外，我也想特別提及，這些書裡所談到的業因觀念都來自美國知名的預言家愛德加・凱西（Edgar Cayce）的著述。他在這些議題上的論點是我認為最有說服力的。

無論你想探索你的過往抑或未來，阿卡西紀錄都可以為你開啟那扇門。你可以從中獲得工作的靈感，提升你現有的能力，發掘自己的天賦才華，運用所獲的資料來預測未來並做出適當的決定。無論你是想尋求一段新戀情，找到新住所，阿卡西紀錄都可以幫助你達成。你也可以運用阿卡西紀錄裡的智慧連結你的人生目標並找到內在平靜。

透過學習解讀這些紀錄，你將為自己開啟一個充滿無限可能的世界，你的生活也將充滿喜悅與驚奇。請好好享受這趟旅程。當你開始使用阿卡西紀錄這個搜尋引擎去發現你所尋找的事物時，你的生命將再也不同。

PART I

什麼是阿卡西紀錄？

「有一種具有思想的存在，萬物皆由此而生。
它以最初的狀態瀰漫、滲透並充滿宇宙各處。」
——華勒斯．華特斯（Wallace D.Wattles）

第一章

歡迎造訪阿卡西紀錄

試想，如果有一個圖書館能夠提供所有你需要的資料——有關你自己、有關這個世界，你會知道十天後將發生什麼事、兩百年前你有過怎樣的經歷——這會是件多美妙有趣的事。事實上，這樣的圖書館確實存在，而且你可以隨時進入。這個圖書館被稱為「阿卡西紀錄」。它提供我們取之不盡、用之不竭的資料、靈感與能量，它可以讓我們的生命徹底改觀。

近幾十年來，人們對阿卡西紀錄越來越感到興趣，尤其是那些尋求成就，個人成長和希望身心得到療癒的人士。對於渴望獲得啟示或靈感的人們，阿卡西紀錄也具有無比的吸引力。無論一個人想追求的是藝術或文學方面的表現，醫學還是科學的發現，阿卡西紀錄能為渴望與它連結的人帶來力量、能量與寶貴的資訊。

阿卡西紀錄裡有什麼？

「阿卡西」（Akashic）一詞源自梵文的 akasa。它的意思是「天空」或「乙太」。它代表無限擴張的振動意識，這個意識包括我們集體和個體的真相。所有思想、情緒和資料的能量振動——包括你個人從太初至今的所有資料——都儲存在阿卡西紀錄裡。你的前世經歷、感情、人際關係、想法和結果——所有使你成為今日之你的一切——都能在這個資料庫找到。此外，阿卡西紀錄也揭露了你的可能未來；你能從紀錄得知，以你目前的能量方向來看，你的未來的可能發展，你因此可以去實現或是去改變潛在的振動。

事實上，阿卡西紀錄蘊含了幾乎所有你需要知道的事，這個紀錄充滿了能量的振動與無數有關這個世界的資訊。就個人層面而言，阿卡西紀錄包括了你過去、現在與未來的所有資料。它對你在靈性上的追求也有幫助，因為你能從阿卡西資料發現你的前世如何影響你的今生，以及你如何可以改變現況。

大多數人之所以想探索阿卡西紀錄是因為他們現世的經驗。有人可能想要療癒傷痛，有人期盼得到發明或創作上的靈感，有些人則想知道自己為何一直無法達成既定的目標。舉例來說，如果你想解決在健康、情感關係或財務上的問題，你可以探究這些問題是受到前世哪些經驗的影響。一旦檢視了阿卡西紀錄，你就能看出兩者之間的關聯並做出改變。事實上，許多人之所以開始探索阿卡西紀錄，最主要的目的之一就是跟個人的療癒有關。

然而，阿卡西紀錄儲存的不只是個人經歷，它還涵括了所有人類和靈魂的全部經歷，也包括了物質世界的真相和我們迄今尚未擁有的知識。所有關於存在的智慧，生物學、科學、量子物理學的知識、所有的自然法則（人類目前已知和未知的部分）和靈性智慧都儲存在阿卡西紀錄，都在阿卡西場域振動著。

阿卡西紀錄的資料包括「固定不變的資料」和「發展演變中的資料」。前者主要是靈性上的真理，其他的幾乎都屬後者。事實上，這個世界的萬事萬物一直以來都是以振動的形式存在，而且充滿了各種可能性。每當改變發生，阿卡西紀錄裡的資料也會跟著改變。

阿卡西紀錄可被定義為資訊的振動場，充滿了有關能量、物質世界、你的永恆靈魂，以及古往今來每個靈魂的意識資料。它記錄了太初至今，宇宙的所有資訊；從古代部族的智慧到量子物理學尚待發現的事實，全都存在其中。

▼阿卡西紀錄的歷史

古今的許多文化、宗教和哲學都曾經提到所謂的「生命紀錄」（the records of life）。雖然他們使用的名稱不一定都是「阿卡西紀錄」，然而有許多古老社會，包括亞述人、腓尼基人和巴比倫人，都曾提到這個神祕且包羅萬象的紀錄。

《舊約》有「生者之書」（the Book of the Living）的說法，新約也數度提到「生命冊」——在所謂的「末日」將被開啟的無限資料庫——據說其中還包括得以進入天堂的名單。

麥達昶（Metatron）是希伯來文化中最早出現的天使之一。他被稱為天堂的書記或記錄天使。據說他會把每一個人所做的事都記錄下來。根據巴比倫《塔木德經》（Talmud）的記載，麥達昶教導和指引學童，後來的神祕主義典籍則說他負責引導人們參觀天堂並解說天堂的各種奇觀。

除了《新約》、《舊約》和《塔木德經》，其他許多古代典籍也曾經提到類似的紀錄。但「阿卡西紀錄」這個名詞似乎是到了十九世紀中到末期之間才開始出現，它首次出現在出版物是在「神智學協會」（Theosophical Society）創始人海倫娜·布拉瓦茨基（H.P.Blavatsky）十九世紀晚期所寫的書裡。她說：

阿卡西是宇宙基本元素之一（譯注：第五元素），它的可塑性質使它能以不同的形式存在，它也永恆地存在於更高的源頭。它是能量、物質、心靈和精神所有形式的最純粹本質，它本身就具有宇宙的創造力，能在「聖靈」的推動下生發出宇宙萬物。

一八六一年出生於奧地利的魯道夫．史代納（Rudolph Steiner）也曾宣揚阿卡西紀錄的力量與作用。他相信人們可以超越自身的感官，察覺到肉眼看不到的更深層實相與真理。有關這個過程，他是這麼說的：

一個人如果不再受限於過去的知識與外在的證據，他的認知力將會擴展，他會從事件中看到人類感官所無法察覺的事物……這樣的歷史因此有別於一般歷史的文字書寫……它被稱為阿卡西編年史。

同樣地，曾在一八八四年撰寫《秘傳佛教》（*Esoteric Buddhism*）的艾爾弗雷德．波西．辛內特（Alfred Percy Sinnett）也將阿卡西紀錄定義為儲存於「阿卡夏」（akasa，音譯，「乙太」之意）的一個永久檔案。他並且表示，所有人都有能力透過心靈的直覺看到／解讀在乙太場域的這些資料。到了近代，愛麗絲．貝莉（Alice Bailey）、查爾斯．

萊比特（Charles Leadbeater）、馬克斯・海因德爾（Max Heindel）、愛德加・凱西以及其他許多人士也都教導過阿卡西紀錄的原理。

愛德加・凱西與阿卡西紀錄

愛德加・凱西是現代的神祕主義者。他撰寫了大量有關阿卡西紀錄的文章。出生於一八七七年的凱西在年少時期過著與常人一般的生活，二十世紀初，成年後的他發現自己有很強大的直覺力。他這個能力在今天稱為「醫療感應者」（medical intuitive），意即在放鬆時能夠進入某種意識改變的狀態。在這個狀態下，他可以解答人們在醫療方面的問題，給予他們治療上的建議，讓他們的疾病得到療癒或緩解。

凱西曾經為數千人做過這個他稱為「解讀」（reading）的療程，他每次都會請速記員把過程一絲不苟地記錄下來並編號。他解讀的主題包羅萬象，從個人健康到靈性問題，以及人們對過去、未來和生命的疑問等等。

當凱西被問到他在感應過程中所接收到的資料來自何處時，他的回答是：若不是來自當事人的潛意識，就是來自阿卡西紀錄。他曾描述過某次解讀的經驗：

這個存在體看到了寫在岩石、山丘、樹木等自然萬物上的紀錄，並且從中學習。同樣地，我們的心靈也會在時空的膠卷上記錄身體與靈魂的活動……

——愛德加．凱西，第487－17號解讀

這段文字揭示了三個重要的事實：

1. 阿卡西紀錄就存在於我們周遭。
2. 我們能夠看到這些紀錄並從中學習。
3. 我們也正透過自己的身體、心智和靈魂的活動寫下阿卡西資料。

雖然許多人相信阿卡西紀錄並沒有實體的存在，但凱西認為它除了是一個存在於自然萬物且不斷振動的訊息場外，它在地球也有具體存在之處。事實上，他相信當我們準備好要了解這些資料時，就會在這三處之一——猶加敦半島、比米尼島海域，或是埃及人面獅身像下方的沙地裡發現。

凱西為人解讀並不收費，他只接受捐贈，但他往往分文未得仍為人解讀。他相信這是他對社會以及那些寫信向他求助的人應盡的責任而繼續服務。他有一次在為請求者解讀時，接收到跟自己有關的訊息。他被告知他工作過度，如果不放慢腳步，減少每天為人解讀的次數，他的健康將會受損。

然而，由於世界各地不斷有人寫信向他求助，他們認為凱西能夠幫上他們，就像他已幫助的許多人一樣，凱西出於慈悲，仍然如常工作，沒有放慢腳步。後來，他真的病倒了，而且不到一年就與世長辭。

凱西的例子顯示了阿卡西紀錄的重要功用之一便是讓人們看見未來可能發生的事，並因此有機會去改變。事實上，我就曾看過好幾個類似的案例。這些個案都透過阿卡西紀錄得知可能的發展，並因此創造出他們想要的未來。

成功的面試經驗

一名婦女在觀看未來時，看到自己在一個很淒慘的面試情境裡。於是她改變了自己準備面試的方式，甚至決定換一套衣服。她並且觀想自己在面試時有不一樣的表現和圓滿結果，然後把這個想像畫面放在她的「未來紀錄」裡。

後來，她的面試果真有完全不同的經驗，並且也順利被錄用。

現代的觀點

無論是古老的西藏文化，或現代的哲學、心理學，乃至科學人士，都認為宇宙間存在著一個涵蓋一切的訊息場。這樣的理論有它的邏輯。事實上，「宇宙心智」和「宇宙意識」這兩個現代名詞指的就是這樣一個無遠弗屆的場域。它們代表所有人類——甚至所有靈魂／心靈——的共享意識。這個共享意識與個人和集體的存在都有關係。事實上，透過人與人的連結、能量的交流以及共享的歷史與環境，我們分享彼此的意識，而這些意識的總和便是阿卡西紀錄。由於每一個人和每個群體時時刻刻都在為這個資料庫增加更多的資料，因此阿卡西紀錄也隨之擴充。

奧地利裔的美國物理學家卡普拉（Fritjof Capra）在他的著作《轉捩點》（*The Turning Point*）中提到「集體無意識」（the collective unconscious），一個嵌入在所有事物和所有人記憶裡的共享意識。它代表阿卡西紀錄的深奧本質；一個永恆、全面性且可以取得的資料庫。我們每一個人都是這個紀錄的一部分，這個紀錄也是我們的一部分。只要我們開放意識與心靈，就絕對有可能接收到儲存在阿卡西紀錄裡的資料。

阿賴耶識

早在「阿卡西紀錄」成為廣為人知的名詞之前，佛教的「阿賴耶識」（Alaya Consciousness）概念就已被許多人研究和接納。這事實上是我最喜歡的名稱，因為「阿賴耶識」體現了阿卡西紀錄兩個最重要的特質。「阿賴耶」（alaya）有全面和包含一切之意，在梵語是無窮盡或無限的意思。事實上，「喜馬拉雅山」的「喜馬拉雅」（Himalayas）就是梵語的「無盡的雪」。

「阿賴耶識」因此意味著「無盡的資訊」或「無限的意識」。「意識」這個字賦予阿卡西紀錄一種活生生的振動特性。這點非常重要，因為它幫助我們了解阿卡西紀錄的本質。

然而，「意識」究竟是什麼？

科學家通常將「意識」定義為資訊的振動場。它不是靜止不變的事實資訊庫，而是一個充滿生氣、不斷擴充的資訊場。這個資訊場雖然早已存在，但它仍會不斷變化並且充滿各種可能性。當我們研究它時，我們也在改變它。它的能量和資訊會不斷擴展，不僅影響我們，也影響每一個人。

「阿賴耶識」涵蓋宇宙萬事萬物的資訊，它存在於宇宙的一切事物裡，存在於每個個體和神性意識的細微能量中。我們每一個人都有一個永恆的身分，一個永生不滅的靈魂自我。我們的永恆意識會隨著所經歷的不同事物而成長和進化。久而久之，意識就帶有各種資料與情緒。這些資料與情緒有的來自我們的前世，有的來自今生的體驗和與他人的關係。而這所有一切都被記錄在「阿卡西場域」裡。

在探索阿卡西紀錄時，我們將發現彼此之間的連結是多麼深遠。

我們的意識一直在與各方人們互動和共振。量子物理學的研究已經證實能量的影響乃無遠弗屆。我們可以透過資訊、溝通和預知力與所愛的人連結。更奇妙的是，我們甚至也能連結上不認識的人。這些連結能夠帶來重大的發現與創新。你也可以透過阿卡西紀錄得到各種啟發，不論是跟個人理想還是賺錢有關。我就曾見證許多人因此在生活與事業都有所突破。

保羅在夢中得自阿卡西紀錄的靈感

知名的英國歌手保羅．麥卡尼（Paul McCartney）有一天晚上夢到一首歌。那首歌曲的旋律聽起來很耳熟，他認為那是別人寫的曲子，只是他剛好在夢裡想起。他費了很多工夫尋找，卻找不到這首歌，於是他把聽到的旋律寫了下來，曲名是「昨日」（*Yesterday*）。這首歌後來成為音樂史上最多人翻唱的歌曲之一。

還有一次，當保羅正為某事煩惱時，他夢見他的母親。母親瑪莉在夢中給了他一些建議。他後來寫的「順其自然」（*Let It Be*）就是由此而生的創作。至今，這首歌已經激勵了包括我在內的千千萬萬人。

接下來的例子或許令人驚嘆，但不是那麼稀有的事。我認識的一位男士曾因阿卡西紀錄的啟發，設計了一個電腦應用程式，為他的公司賺了數百萬美元。還有一名女子在與阿卡西紀錄連結後，也成功為她的房子找到了買主。

然而，在這些例子裡，最重要的連結便是**我們與「神性意識」的結合**。我們從這個能量場或乙太場儲存的資訊可以知道：我們跟一個「更高意識」有著緊密連結。不論你認為這個「更高意識」是單一的存在體或被稱為所有生命的「超靈」（Oversoul）。無論是什麼名詞，祂都絕對充滿了創造力、愛心，並具有強大的療癒力。從太初的第一個念頭，到現今宇宙的所有細胞，生命透過各式各樣、不斷變化的連結表現自己。**所有的生命都反映並投射了這個神聖的能量與振動**。它的美妙之處就在於我們擁有無限的可能性，我們可以做出改變。這是我們真正的力量。當我們把意識放在這股力量的時候，我們能夠改變我們在這個宇宙的經驗，甚至改變宇宙本身。

此外，阿卡西紀錄還有一個很重要的作用，那便是讓我們得以探究前世經驗對我們的影響，並據以改變我們現在的能量和未來的事件。這個龐大的資料庫能在生活的各層面協助我們。當我們開始接通其中的資料，我們會發現我們確實有力量和資源去療癒身體的疾病、解決情感和人際關係的問題，甚至改善財務狀況。我們所須做的，就是和這個奇妙的資源連結，並且做好接收資料的準備。

做好接收的準備

你可以透過許多方式為接收阿卡西紀錄做好準備。你很快會發現這個過程不必很費力，也不會很複雜。許多人認為要接觸阿卡西紀錄必須依循一定的步驟，甚至得用上一些特定的——有時古老或陌生的方法——來祈求或召喚。事實上，這個過程比他們所想的要簡單許多。而且只要平日做固定練習，你就能讓自己做好相關準備。

接下來的幾個簡單行動會使你變得更敏銳，更容易接收來自阿卡西紀錄的訊息：

■ **敞開心胸接納阿卡西紀錄帶來的真相、指引與協助**。你將發現你可以從這個無窮盡的資料庫得到許多協助。你可以用它來改善生活、事業或愛情，也可以從中獲得你意想不到的絕妙靈感、創意與發現。阿卡西紀錄是個強大的工具，請相信它的力量。使用書裡的練習，並對無限的可能性開放心靈。

■ **儘可能經常靜坐冥想**。如果你每天能花一點時間冥想，就能讓自己的意識達到更容易接收阿卡西紀錄的層次。有些人可能會發現他們很難進入冥想狀態，或是因過於忙碌而沒有時間冥想。如果你也是如此，那麼一開始時，每天幾分鐘就好。騰出幾分鐘做深呼吸，把腦袋放空，讓自己放鬆。無論哪一種形式的冥想都可以，只要讓自己放空和放鬆就行了。

■ **每隔一或兩小時就做幾次深呼吸**。深呼吸有助身心放鬆，為探索阿卡西紀錄奠定基礎。此外，它也能使你的生活更平和，思緒更清晰。因此，要記得每一或兩小時就做深呼吸，清清思緒、集中能量並使心情平和。

■ **告訴自己你有能力和資格接收來自阿卡西紀錄的訊息**。探索阿卡西紀錄不僅是你的權利，也是你能力可及之事。這些紀錄裡的資訊並非只限少數「特別」人士才能取得。你就是特別的。你的內在有著神性的光芒。你完全有資格使用並開心運用這個寶貴工具。

▪**拋開頭腦，用心生活**。我們花在思考和擔憂的時間與心力，會轉移我們的能量，使我們很難接收到需要的指引。因此要儘可能放下腦袋裡的分析、判斷和憂慮，讓自己放鬆、讓自己平靜。以下的冥想練習可以幫助你達到這個目標。經常做這個練習，就算一次只一小段時間也好。

以上只是你可以每天進行的幾項簡單方法，它們有助平衡你的能量，做好接收訊息的準備。一旦開始探索阿卡西場域，你的生活將會有不可思議的改變。

練習：心輪冥想

接下來的練習可以幫助你平靜心思，開啟心輪，使你更容易接收來自阿卡西場域的訊息與力量。

如果你不太習慣冥想，那麼只要放鬆身體，讓你的心靜下來就好。你不需要努力達到某種特殊的心靈狀態。事實上，你最好完全不要做任何分析，只要開始深呼吸，並把意念專注在當下就可以了。

請依照下述的步驟進行。要有信心。假以時日，你必定能夠輕鬆自在地冥想。

1. 深吸一口氣，注意自己在想些什麼。看看那些念頭把你帶到哪裡、讓你有什麼感受。

2. 再深吸一口氣，閉上眼睛，想像那些念頭從你的腦袋裡升起，像雲朵一般慢慢地飄到遠方，最後完全消失。

3. 再深吸一口氣，放鬆頭部和肩膀的肌肉。

4. 當你感覺更加放鬆時，將意識，你的覺察緩緩轉移到你的心輪。

5. 隨著每次你輕鬆地吸氣和吐氣，你的意識現在慢慢地進入你平和與寧靜的心輪。

6. 當你的意識安歇在平靜的心輪時，你感受到在內心深處振動的「神性的愛」。

7. 你感受到自己被平靜與光明充滿，你身上的每一處都振動著平靜和喜悅。

8. 感受你的心輪帶給你的熟悉和舒適感。

9. 你現在是平和與平靜的，你和你的永恆靈魂有著深刻連結，你開放自己隨時接收來自阿卡西紀錄的指引與啟示。

10. 繼續讓自己在這裡放鬆並儘可能活在這樣的平靜裡。這裡是你永恆的源頭。

＊　＊　＊

阿卡西力量

這樣的心靈平靜是阿卡西的偉大力量之一，也是你隨時可以接通的永恆心靈品質。「阿卡西力量」是靈魂勇敢和堅定的能量，是千百年來人類渴望達到的更崇高特質。它們存在於阿卡西的歷史與思想紀錄裡，它們的振動穿越時空，為世人帶來愛、勇氣、智慧、正直、誠實、優雅、慈悲、勤勉、創意和其他許多美好品質。

這些美好品質就如你的永恆資料，都存在於阿卡西紀錄。就如你可以從阿卡西紀錄接收到自己的永恆資料，你也可以透過阿卡西紀錄接通上述特質。它們原本就存在於人類心靈，只是人們往往因為分心和懷疑而失去這些特質。不過，有關它們的記憶仍儲存在每個靈魂的阿卡西紀錄，這些記憶就在你們內心深處，靈魂的核心。第九章的全息圖投射冥想（參見第212頁）就可以幫助你體驗這些深刻的能量。此外，你也可以在心裡逐一召喚並冥想每一種特質。

愛與勇氣的力量

我有位個案曾經有嚴重酒癮。有一次他在觀看前世時（請參考第132頁的練習）發現他在某一世也嗜酒成癮，而且他今生的妻子和兒女也在那一世，但他當時常對妻小暴力相向。他很後悔自己的行為，為此感到羞愧。他雖已改寫那個前世紀錄（參考第139頁的練習），但他也很想在這世留下不一樣的紀錄。

於是，他運用撰寫今生紀錄的技巧（第168頁）。每當他有喝酒的念頭，他就會開始想像這個選擇會在他的「今生紀錄」與「永恆紀錄」所留下的印記。每當他想到自己的軟弱，以及對家人的背叛，他就感到難受。他於是將自己的意識轉移到心輪，並召喚阿卡西力量的「勇氣」與「決心」。他對家人的愛給了他克服酒癮的力量。過了一段時間，他和家人都擺脫了他酗酒的惡夢，也從此改變了他們的共同紀錄。

你愈能學著由心輪生活，就愈有能力從阿卡西紀錄接收到足以改變人生的資訊與能量。你與他人的關聯和你所尋求的解答，都存在於阿卡西紀錄裡。請敞開心靈，準備接收阿卡西紀錄帶來的各種啟示與靈感。它將使你的人生朝向嶄新且美好的方向邁進。

摘要

- 舊約聖經和早期的佛教文獻都曾經提到阿卡西紀錄，但是是直到十九世紀，魯道夫・史代納、海倫娜・布拉瓦茨基和愛德加・凱西等人開始大量撰寫有關阿卡西紀錄的文章。
- 阿卡西紀錄揭示了三個重要的事實：它存在於我們的周遭；我們可以看到這些紀錄並從中學習；我們無時無刻不在撰寫屬於自己的紀錄。
- 你可以透過冥想、深呼吸和自我肯定等練習，讓自己更容易連結阿卡西紀錄。
- 當你抱持開放的態度，並專注於以心靈（而非頭腦）生活，就會愈來愈容易接收到阿卡西紀錄的指引。
- 「阿卡西力量」是靈魂的英勇能量。它們的振動可以穿越時空，影響我們的過去、現在和未來。

第二章

能量與資訊：永恆的振動

眾所周知，DNA可以透露一個人的資訊，而且資訊量非常驚人。單憑一個細胞，我們就可以判定一個人的身分、血統和他可能會罹患的疾病等等。DNA因此可說是個人的生理資料庫，代表每個個體的生物特性。

然而，有個資料庫所儲存的資料遠多於DNA，它涵蓋了人類的歷史、心靈與能量，甚至包括未來可能會發生的事件，那便是阿卡西紀錄。每一個人、每個團體、文化、國家，乃至地球本身，以及宇宙各地所發生的一切都儲存其中。要接觸這些紀錄，第一步便是要向內尋找，就像我們探索DNA一樣。

阿卡西紀錄無所不在，而且用途無數。它存在於時間、空間、意識與能量裡，它也存在於萬事萬物，無論是一片花瓣、你的心跳、遠方的一顆星球或我們腳下的一粒小石子，它們都有阿卡西紀錄裡的資料。這些資料不僅在你內心，也在你的周遭，無限且永恆。只要你想，並知道如何接通，就可在任何時候依你的需要取得這些資料，譬如探索你的前世。

➤業力、輪迴與你的靈魂地圖

有些人說阿卡西紀錄是我們的靈魂地圖。這個形容很貼切，因為阿卡西紀錄顯示我們的過往、目前所在，以及未來前往的方向。每一個靈魂都有自己要行走的道路，有前世留下的課題，也有對未來的獨特目標。你或許會對目前的方向感到茫然，但你總是可以透過檢視前世紀錄和未來目標，知道接下來該怎麼做。

畢竟，這不是你第一次來到世上。

關於「輪迴」，有個很簡單的說法：每個靈魂都有過許多世的生命，而且每世有不同的肉身。靈魂在不同的轉世之間是停留在能量的界域，有人稱為「天界」。靈魂歷經累世的輪迴，形成「業力」。業力雖常被定義為「因果法則」運作的結果，但它其實是我們自身累積的選擇、判斷和情緒所形成的振動，它也是我們「個人紀錄」裡的一部分。

這些資料（我們之前的種種行為、念頭與感受）都儲存在我們的永恆意識裡，並會逐漸形成一種反覆出現的動能，這些能量模式重複出現，投射出最具主導性的振動，為我們吸引那些帶來挑戰或喜悅的經驗。我們的業（也可說是能量史），就是以這種方式影響每個人今生和來世的命運。然而，我們永遠可以從現世著手，努力轉變自己的能量，並因此改變未來的命運；這才是我們研究輪迴的意義和價值所在。

就如我在前一章提到的，愛德加．凱西透過阿卡西紀錄做了近兩千個前世解讀，他也使用阿卡西紀錄為個案找到診斷和治療他們病症的重要資料。此外，他還觀看未來，做出許多預言。

這些都是我們探索阿卡西紀錄可以運用的層面。雖然知道自己的前世經歷和與他人的關係很吸引人，但運用所得資料療癒和處理現世的問題，使阿卡西紀錄發揮作用，這才是探索阿卡西紀錄最實際和重要的用途。

探索阿卡西紀錄的重要理由

阿卡西紀錄有著強大的力量與潛能，當你學會探索這個能量與資料的珍貴資源時，你將能夠：

- 發現前世如何影響你今生的人際關係，包括愛情、親情、友誼與職場關係。
- 發現你目前的問題與模式的根源（包括恐懼、沮喪、膽怯、成癮行為，甚至長期的貧困與孤單等等）。
- 獲得明確的資訊，幫助你療癒並改變你在身體、情緒、財務和關係上經常陷入的模式。
- 找出個人的生命目標，過著更清醒和充實的生活。
- 了解這個世界在過去、現在與未來，不論是在社會、文化、宗教和軍事模式等方面的能量與問題。
- 讓直覺變得更敏銳，能夠經常接收到有幫助的直覺訊息。
- 接收所需的資訊與靈感，不論是在醫療、科技、金融、科學或任何方面的主題。
- 發掘並增強你在音樂、藝術、運動或其他方面的才華。
- 獲得指引，幫助你做出重要決定。
- 檢視你的「未來紀錄」，了解將來可能發生的事，以便決定你現在可以做些什麼來改變或改善未來。
- 設定你的「未來紀錄」，讓你希望的事和結果在未來實現。
- 了解靈性真理，學習擴展自己的靈性意識，並從「靈魂的觀點」看待事情，過著內心平靜的生活。

阿卡西紀錄不僅能幫助你了解你的人生意義，也能幫助你改變你的能量與未來。此外，你還可以透過它取得重要資料，用來幫助你的朋友、家人、社區，以至更多的人。事實上，這個星球，以及星球上的萬物不僅儲存並時刻影響著紀錄裡的資訊，這些資訊也會受到你在探索紀錄時的作為所影響。這是交互作用的過程，在過程中，能量會擴展，資訊也會不斷累積，而這一切就發生在你身邊。

生命的全息圖

阿卡西紀錄並非儲存在某個神祕的乙太圖書館，它們儲存在永恆的空間，即使在最微小之處和沒有時間的空間裡，都振動著所有歷史、所有真相和可能未來的振頻。

宇宙中的每一個小事物、每一個振動和粒子都包含完整的紀錄，就如全息圖一般，而我們可以透過許多管道來獲得重要資料，知道這個事實將帶給我們想像不到的自由。

全息圖如今在日常生活已是很普通、隨處可見的現象。無論在遊樂園、電視或電影，都可以看到這類 3D 影像。這種圖像是利用兩道雷射光束在膠片上製造干涉圖樣

（interference pattern）後形成的效果。製作者在拍攝照片後，用另一道雷射光穿透膠片。這時膠片表面看來雖然只是大量閃爍和波動的線條，但事實上影像已經存在於全息圖裡的每一個微小部分。如果這張膠片碎裂成十幾片，只要用光穿透其中最小的碎片，你依然可以看到完整的圖像。

阿卡西紀錄的性質就如同全息圖（或稱全像投影）。其中的資料都完整地儲存在大自然的萬物裡，包括每一粒沙子、每一片草葉、每一波打在岸上的浪，乃至我們身邊每一個看不到、聽不見的振動裡。這些資料一直都在我們的內心，等著我們去接通。

內在空間

我們都知道可以從人體細胞的DNA取得大量資訊，但身體所帶的資訊遠多於此。透過稱為「細胞記憶」（cellular memory）的過程，我們的體內儲存了無數有關我們前世今生的紀錄。

你可能會納悶：我們體內的細胞如何能夠儲存前世的密碼？但當你知道這些細胞和

那些已經存在千萬年的星辰都是由同樣的元素組成時，你可能會更驚訝。

美國著名的天文學家卡爾・薩根（Carl Sagan）曾說過，我們都是由「星塵」所組成。這句話不只是詩意的隱喻，從能量的角度來說，它是根本的事實。因為許久之前形成星辰的基本元素與現今使我們生存、運作並滋長的元素是一樣的。古代星辰歷經數百萬年創造出的原子正是構成我們每一個人身體的原子。因此，我們的體內確實儲存了所有生命的過往歷史。

你的細胞作為這個奇妙宇宙的一部分，顯然具有豐富的內涵，並且至今仍儲存著不曾透露的資訊。但其中最重要的紀錄，便是關於你本身和你的永恆生命（你的過去、現在，以及可能的未來）。這些資料是你的能量體的一部分，而這個能量體就是構成你永恆的光與振動的要素，它會隨著你每一世的生命而改變。

這個能量體也稱為乙太星光體，它是你的「個人紀錄」裡很重要的部分。它雖然是能量形式，但它隨著你先前在肉體、情緒與認知經驗的紀錄而振動。在輪迴的過程中，過往的事件——無論是喜悅或傷痛的經驗——以及因這些事件而有的情緒與信念，都被寫入了你的紀錄和你的能量體。

這些被寫入的資料就成為我們來世經驗的基礎，並形成我們主要的行為模式。前世事件所引發的情緒愈強烈，對我們今生的影響就愈大，而它對我們的影響要直到我們採取某種行動去改變為止。這是為什麼探索阿卡西紀錄能讓我們掙脫前世的束縛。因為一旦我們明白曾經發生的事，我們就能在今生寫下會使我們更有力量、更認知到我們的永恆價值，並且能改變現狀的新紀錄。

珍妮

我有位叫珍妮的個案，童年時曾被虐待，走路時總是低頭垂肩，對人充滿戒心。她有背部的問題，因為過去受暴的記憶就儲存在她的背部細胞。

我們先一起努力去除她過往的負面紀錄，並以充滿力量和安全感的新紀錄取代。她自己也不斷努力創造令她更有力量的「今生紀錄」，以及充滿自由、能夠實現自我的「未來紀錄」。她在這段期間的轉變令我大開眼界。後來的她一直是位堅強和自信的女性。

你也同樣可以清除過往不愉快的紀錄，不論那些是屬於現在還是前世的紀錄。如果你想知道過去發生的事或想學習如何處理，你並不需通曉秘術或占卜，因為那些資料就存在於你的阿卡西能量裡，不斷振動著不可思議的啟示和改變的無限可能。只要願意探索，你能夠開啟這個改變與開悟的永恆工具寶庫，而且方法不難，因為你所需要或想要的資料一直都保存在時間裡，而且就在你的周遭。

時間渦旋

阿卡西紀錄雖存在於空間和能量，但也存在於實體之地。譬如說，我們可能會在某個地方同時留下美好和不好的回憶，過去所待過的地方會儲存令我們傷感的紀錄，並因此勾起不愉快的回憶和情緒。能量停留在那個空間，振動著各種資訊和感受。如果傷痛的經驗一再重複，儲存在那處的紀錄就會帶有更強烈的恐懼、憤怒或怨恨。也許你已經不必再重回傷心舊地，但你的生命裡如果曾經有這樣一個地方，不妨進行本章的「清除時空紀錄」練習（請參見第51頁），相信會有所幫助。

除了空間，時間也會儲存資料，每個季節也都充滿了特定模式的能量與資訊。像是午夜十二點這個時刻就帶有重要的紀錄，尤其是某些日子。阿卡西紀錄裡有許多文化、宗教儀式與節慶就被傾注了強大的能量。譬如十二月二十五日和一月一日就是兩個與共享的「時間渦旋」（vortex of time）能量共振的日期（這只是許多日期中的兩個）。跟這兩個日期有關的資訊千百年來不斷累積，隨著時間的推移也持續變化。如今，就連九月十一這個日期也帶有強大的情緒渦旋。許多人只要看到或說到九一一，腦海就會浮現令人情緒緊繃的畫面。這些畫面仍會反覆浮現，引發與這個日期有關的恐懼、憤怒，甚至仇恨的振動。

除了某些日期之外，一年當中的某些時節對某些人和團體往往也有特定意涵。舉例來說，當秋天到來，人們要準備上學、收割農作物和舉行慶典盛宴。類似這樣的共同經驗和情感都儲存在一個又一個的時間渦旋裡。無論是一天當中的某個時段（譬如日出）或一年當中的某個時節（譬如樹葉飄落時），都帶有或隱約或明顯的訊息。這些訊息會喚起許多人的共同記憶，並促使他們進行特定的活動。

個人的時間週期

我們每個人也都會有一些儲存在時間裡的「個人紀錄」。事實上，當你回顧自己的人生，或許會發現你在某個時期經常做出同樣的行為。你可以由此看出自己的「個人紀錄」可能儲存了怎樣的資訊。

如果你發現自己在某些日子或時間點會表現出特定傾向，或是持續在每年當中的某個時期做出類似的事，那必然表示你在前世的那些時候也是如此。

舉例來說，七月的最後一個星期對我就是很重要的時間渦旋，至少我發現自己在這段時間會表現出固定的行為模式。我這生的三段重要感情（包括現在的婚姻）都發生在七月的最後一個星期。因此這段時間顯然是跟浪漫經驗有關的紀錄。我敢打賭，我在前世也曾在同一段時間經歷同類型的事件，而且對象還可能是同樣的人。

泰德的時間週期

類似情況也發生在個案泰德身上，只是對他來說，他經驗到的主要是負面能量。泰德在和女友訂婚後，心中就有種強烈感覺：必須等到冬天再舉行婚禮。但他的未婚妻並不認同，最後她努力說服他把日期往前移到六月。他們打算舉辦一場典雅、精緻的婚禮，但在婚禮前的幾個月，他們的摩擦日益加劇。最後情況變得很糟，以致泰德不得不告訴未婚妻他必須延後婚禮，但她卻因此離開他。兩人共度美滿人生的夢想於是破滅。

當我們探索他的「前世紀錄」時，發現他們之前有好幾世都曾經發生同樣的情況，不是他離開她，就是她離開他，而且往往在同一段時間，都是發生在六月的某星期。而六月這個特定星期的渦旋不只帶有他們關係的紀錄，也包括泰德這世其他艱辛經歷的資料與能量。

當我們討論到這段時間的重要性時，泰德開始提到他在六月的某特定星期發生過的一些事件。先是他的父親過世，然後有一年他的公寓被洗劫，他因此搬到別州。過了幾年，他又在同一段時間遇到搶匪，而且被搶匪打成重傷，險些送命。由於這些慘痛經驗以及他和女友的分手都發生在同一個星期，這在他的生命紀錄形成了能量非常強烈的時間渦旋。

在知道這些資訊後，我們便開始清除這些紀錄和那個時間渦旋所蓄積的負面能量。接著我們一起撰寫能幫助他釋放負面能量，並使他在那段時間重獲力量與平靜的肯定語句。此外，他也做了冥想。冥想時，他觀想一張上面寫滿文字的月曆。那些文字代表的是他之前的負面模式與經驗，接著他再觀想這些文字被一一擦掉。然後，他觀想月曆上的那個星期是閃閃發亮的空白，而他在上面填滿了讓自己感到愉悅且充滿力量的文字和圖像。

他以這個方式在那個特定的時間渦旋為自己寫下快樂、充滿力量和安全感的新紀錄。而在現實生活中，每當那個星期快到時，他也會特別做些規劃，讓自己去做一些開心的事，他並且持續進行能帶給他力量的練習（譬如接下來的練習）。

事實上，即使是一天當中的某個時間點也會讓你掉進某種能量渦流裡。我曾接觸過許多有失眠困擾的人，我發現他們在前世都遭遇過重大創傷，而且這些創傷都發生在半夜。這些恐怖的記憶一直揮之不去，以致他們一到半夜就開始感到恐懼，覺得自己必須保持警覺，不能睡著。但這類負面模式是可以被清除的。當這些回憶被抹去後，他們這一世的問題就會大為改善。

然而，並非所有的時間渦旋都充滿負面資料。當你回顧自己的人生，你可能會發現在某些日子、月份或季節，你總是遇到好事。同樣地，這些正面紀錄也會被儲存下來，由於它們是令人愉快和安心的能量模式，因此沒有必要改變。但如果你確實有記錄著困難經驗的時間或空間渦旋，你就可以著手為自己清除那些負面紀錄，再為自己創造嶄新和正面積極的未來走向。

▼練習：清除時空紀錄

請回顧生命中的時光。你是否到了一年當中的某一天、某一個星期、某一個月份或某個季節，總是會遇到困難？甚至一天當中的某一段時間會讓你覺得特別難熬？請把察覺到的模式寫下來，並在你的「阿卡西日誌」註明時間點。

1. 你在這些時間有怎樣的行為、想法或感受？請列出那些讓你難受而想清除的部分。

2. 寫出你想用哪些會令你感到愉悅、充滿力量的感受和能量來取代。

3. 想像你的面前有一張月曆或一個時鐘，上面顯示著你心裡想的那個時間點，還有敘述著你想要清除的事件文字或圖樣。想像你把那些文字或圖樣一一清掉，替代的是乾淨和明亮的空白。

4. 現在，觀想那個空白處出現了新的文字，像是「力量」、「喜悅」、「放鬆」、「滿足」、「成就」或「快樂」等等。接著，在月曆或時鐘上填滿美麗的色彩和光，你甚至看到自己在那個時間點在做自己喜歡的事，並且感到喜悅和平靜。

5. 接下來，請想想你這生當中是否曾有過在同一個地方遇到困境的經驗。然後把你察覺到的模式和當時的感受寫在你的「阿卡西日誌」。

6. 想一想你要以怎樣的不同心態來面對這個地方？你希望把怎樣的信念或態度（例如感覺自己充滿力量、很有價值或平靜詳和等等）帶到那個地方？寫下來。

7. 冥想時，觀想著那個地方，看到自己把那個地方的所有陰影抹去。唸出以下的肯定句：「我正在釋放自己對這個地方的任何有害執著。即使置身其中，我仍然感覺自由和平靜。」

8. 接著，請觀想這個地方沐浴在美好的光中，你看到自己在畫面裡，你感覺快樂而堅強，比以往任何時候都更有力量。

如果你因為某個原因不得不回到那個充滿負面記憶的地方，請記得你觀想的新畫面，讓自己充滿光明與力量。深吸一口氣，說出以下的肯定語：「我有一段過往，但我不等同我的過往。現在我無論走到哪裡，都感覺充滿力量和平靜。」

＊　＊　＊

共享記錄的地方

如我之前所說，我們每個人的身體都帶有阿卡西紀錄，動植物的身體、無生命的物體、水、大地，乃至無邊無際的天空也都有帶有阿卡西紀錄。就像人體細胞具有個人特有的振頻，每一個地方也都保留著完整的阿卡西紀錄和那個地方的特有資料。

譬如紐約的世貿中心遺址和以色列的哭牆就有著大量的特定訊息。這些訊息以頻率的形式存在，包含了名字、念頭、歷史和各種強烈的情緒。每個國家也都有屬於自己的獨特紀錄。想想看，像愛爾蘭、以色列、冰島或伊朗這樣的地方會具有哪些訊息？有時候，人們甚至只要聽到這些國家的名字，就會引發許多不同的想法與情緒反應。

街道也有著屬於自己和往來行人的紀錄。這些資料通常是一種幾乎可被聽見的嗡嗡聲共振。無論是紐奧良市法國區的波本街、紐約的百老匯大道、倫敦的查令十字路，還是巴黎的香榭里舍大道，這些建築物、磚瓦和其中的空間都擁有屬於它們的獨特共振。

對我們來說，這個事實究竟有什麼意義？

這意味阿卡西紀錄不僅就在我們心裡，也在我們的周遭各處。無論我們置身何地，我們都可以接觸到這些資料。另一個重點則是，每個個體和群體都會為所在之處增加紀錄並影響那個地方的能量，甚至是那些我們只是在心裡想到的地方。

你對你的家、你的城鎮、去過的地方，或是在報章雜誌上看到的地方有什麼想法？透過想法，你灌注那樣的能量到那兒，而阿卡西紀錄記下後又再回送給你。阿卡西紀錄就是這樣日益擴充，不斷累積資訊，形成朝向某特定方向流動的動能，產生我們所知的「形態共振」（morphic resonance）現象，這是人類經驗裡很深奧的部分，也是阿卡西紀錄的重要功能。

▼形態形成場

「場域」通常被描述為訊息的力場，而這個力場多少會影響它所環繞的物質。就如地球之所以循著一定的軌道繞太陽運行，就是受到重力場和電磁場的影響。羅盤的指針之所以指向北方，也是同樣的道理。然而場域現象不僅於此，事實上，我們每個人都有自己的「個人能量場」。它不僅影響我們本身的經驗，也會穿越時空，對他人的生活有著重大影響。

所有的人類（不論是生在過去、現在或未來）都和萬物連結，並且透過這樣的連結形成共享的意識，而且這個意識會不斷地擴展。這不只是非常真實的因果能量作用，這個概念在奇妙的「形態形成場」（morphogenetic field）現象被發現後，就更加有說服力。

「形態形成場」是在一九八〇年代由英國生物學家魯伯特・謝爾瑞克（Rupert Sheldrake）在他的著作《生命的新科學》（*A New Science of Life*）所創造的名詞。這個概念非常有趣，因為它顯示了我們的個人能量與阿卡西紀錄的力量與影響。

「形態形成場」充滿了來自個人與群體的能量與資訊，從而形成一個群體意識的「能量場」，並進而影響群體裡的其他人。這個能量場透過謝爾瑞克所稱的「形態共振」的過程不斷地擴展並蓄積動能而影響這個世界。特定的知識和行為模式不斷累積，積累的意識在振動上不斷成長，當達到關鍵的規模，它就會進入物種裡每個成員的意識。

其中一個例子便是數位科技的擴展現象。現在在全球各地使用智慧型手機、平板電腦、網際網路和其他衛星連結裝置的人數已經呈爆炸性的成長，實在很難相信大多數這類科技在幾十年前甚至並不存在。

在「文藝復興運動」時期，歐洲之所以能夠脫離「黑暗時代」，在繪畫、雕刻、科學和探險等方面大放異彩，也是因「形態形成場」的作用使然。另一個例子則是「工業革命」。這場革命完全改變了多數人的謀生方式，使世界的大部分地區從農業社會轉變為工業社會，也讓全球各地數百萬人口從鄉間移入城市。

「形態共振」是阿卡西紀錄裡一個不斷在變化的部分，它的動能會使人類朝非常特定的能量方向發展；這是一種振動上的骨牌效應。意識擴展知識，而知識又會擴展意識，因此隨著時間過去，就會產生它自然的變化。

我們必須知道，我們是與別人——包括我們的親友、家人、社區、文化、宗教和國家——共享阿卡西紀錄。我們也要記得，我們有力量清除個人紀錄和共同紀錄裡負面、不健康或缺乏愛的能量。當我們放下評斷，以更高更正面的態度看待自己和他人時，我們便是為「形態形成場」注入愛與慈悲。而這些具療癒力的能量將會擴展、觸及並影響他人，為這個世界帶來更多和平。這是我們可以使用阿卡西紀錄來幫助自己和他人的一個方式。阿卡西紀錄是我們藉以了解世界、擴展正面能量的重要工具。我們可以透過它探究過往，看看是哪些模式把這個世界帶到負面的方向，然後我們可以**用喜悅、寬容、信任與理解來撰寫新的紀錄，創造出具有這些特質的新場域。**

但要做到這點，我們必須審視自己目前的意圖和所做的選擇，留意自身的言語和行動，愛自己並友愛他人。透過改變自身的情緒紀錄，我們能夠轉變擴展中的恐懼與仇恨，使它們不致在這世上持續擴大。當愈來愈多人致力於擴展愛的意識並寫下更多充滿愛的阿卡西紀錄時，我們就能創造更健康和快樂的共同經驗，並因此改變未來，使全體世人過著更喜悅的生活。

摘要

- 阿卡西紀錄存在於時間、空間、意識與能量裡。它能揭露你的前世和可能的來世生活；你可以知道過去的經歷、現在的處境，以及未來的方向。
- 每個靈魂都有自己要走的道路，有前世所留下的課題，也有自己未來要努力的目標。
- 「業力」是由你累世的選擇、想法與情緒所形成的能量。這些選擇、想法與情緒會成為你的「個人紀錄」的一部分。
- 你的「個人紀錄」裡的資料會不斷改變，並且和類似的能量聚合，擴展為「形態共振」，影響這個世界。
- 我們與別人——包括我們的親友、家人、社區、文化、宗教和國家——共享阿卡西紀錄。
- 我們有能力清除個人紀錄與共同紀錄裡那些負面、不健康或缺乏愛的能量。

第三章

永恆的阿卡西紀錄

阿卡西紀錄裡的無窮資訊包羅萬象，可惜的是，許多人卻只透過它來探索前世。在東方，「輪迴」是許多宗教的基本概念，西方人雖然對這個理論接受得較晚，近年來的態度已有大幅轉變，現在也有許多西方人相信「輪迴」——靈魂的轉世。事實上，無論是從能量或個人的角度來看，輪迴的說法都很有道理。

比方說，當我們初次到某地或第一次見到某人卻有種說不出的熟悉感，有可能是我們在永恆意識深處的某些記憶被喚醒。我們在這一生的天賦往往也是前世時的才華。無法抗拒的吸引力可能反映我們在前世對那樣事物的熱情。而今生對某樣東西上癮和沈迷的根源也都可能來自前世。

我們都是永恆的生命體。我們的「個人紀錄」儲存著我們每一世的所有資料。我們的靈魂不會消失滅絕，而是不斷地轉化，一次次地回到人間。當經歷許多人世之後，我們不免會養成一些習慣和特定的喜好。我們和他人的關係、我們的性格和情緒全都寫在我們的永恆紀錄裡。這些日積月累的紀錄儲存在我們的意識，影響我們今生的方向。因此探索這些紀錄能讓我們更容易了解今生所面對的問題，而阿卡西紀錄不僅能揭露與目前境遇有關的重要原因與真相，它也賦予我們力量去改寫那些不健康或不愉快的紀錄，使人生從此邁向新方向。

✓科學、能量與永恆

亞里斯多德曾這麼說：「你知道的愈多，就愈知道自己的無知。」這個說法在今天仍然適用。在我們的宇宙，「暗物質」與「暗能量」就佔了百分之九十五，我們的物質世界僅佔百分之四點九。想想看，這個宇宙還有多少事物是我們不了解的？

關於我們所置身的這個不可思議的宇宙，有一個很有趣的理論，那便是M理論（M theory）。有些科學家稱這個理論為所有理論之母，因為它有助於說明所有物質與能量的性質和行為。M理論有關十一維的概念衍生出數不清的平行宇宙，開啟了宇宙實相的無限可能性。前世的種種、來生的可能事件，以及其他無數的資訊都共同存在於意識的「膜」（membranes）上，距離我們只一線之隔。

在這些「膜」上面有著所有的宇宙，存在著不同實相的神祕界域。在我們的人類經驗裡，這可能意味著清楚、明確和可預測的事物只是宇宙的一部分，而非全部。有無數個遠超過我們所能意識到的可能事件就存在於阿卡西紀錄，而且很可能與這些膜上的另類實相連結。

由於時間的本質，我們有可能看見位於其他「膜」上的前世和可能的未來事件。我們大部份的意識以現世生活為中心，但我們能夠進入另一世的路徑，收集紀錄裡的資料，檢視過去的經驗與我們現今問題的關聯。這樣的探索會改變我們這生的事件和感受。事實上，如果我們有機會明瞭業力的影響，我們的生命將大為改觀。

當我們知道能量可以被轉移，物質可被轉換時，輪迴的原理和生命的延續性就變得份外清晰了。這個原理在宇宙層面如此，而它也同樣應用在我們的個人生命和身分。

輪迴的說法可以釐清許多有待解答的問題。舉例來說，為什麼有些人承受較多的苦難？許多人認為這只是個人的機運，然而真相也許並非如此。或許在我們眼中的苦難純粹是能量的回返，它給予我們機會去了解那些在前世沒學會的經驗。

輪迴也可以解釋我們對這一世的許多疑問，譬如初次遇到某人卻感覺好像認識已久、很快就學會某項技能、對某人一見鍾情、不由自主地喜歡或討厭某人、害怕某些事物、對某些東西過敏、有明顯的體重問題（過胖或過瘦），甚至性傾向等等。這些也許有其他解釋，但也可能與前世有關。如果我們從輪迴的觀點來看，或許更能說得通，也能對問題有更透徹的了解。

透過探索「前世紀錄」，你會知道為何你會吸引特定的影響人生的事件，你因此可以釋放那些會造成負面影響的因素。前世紀錄也會揭露對你這世有潛在正面影響的因子。此外，你也會感受到你前世的個性與情緒，這會使你對今生為何做出某些行為或為何總是做出某類選擇有更深的洞察。在明白其中源由後，你將更能克服障礙，做出你渴望的改變。

發現事情的真相

我有一位個案有嚴重的視力問題，而且長期有嚴重的過敏現象。她也很不喜歡她的工作。當我們探索她的「前世紀錄」時，發現她有一世曾是古羅馬的奴隸，工作是負責清洗大家的衣物。在清洗的過程中，她必須把衣服浸泡在加了清潔劑的熱水，並且不停攪動。鍋中這時會散發出難聞的熱氣，刺得她眼睛發疼，直打噴嚏，她因此很厭惡那個工作和熱氣。

當她聯想到自己這世的情況，她意識到她的細胞仍攜帶著那些記憶，難怪她在現在的工作總有種自己是奴隸的感覺。她於是改寫前世的舊紀錄，努力讓自己重拾力量。

她後來辭掉了工作，找到一份喜歡的新工作。她的身體狀況開始有了改善。原本終年困擾她的過敏毛病，現在只在特定季節才會發作。雖然她仍然需要配戴眼鏡，但她的眼睛已經不再像以前那般乾燥和不舒服。她面對的課題雖是來自前世，但她在今生取回了自己的力量，做出改變，因此也免除了未來的痛苦。這就是時間的本質。只要我們能夠掌握和發揮當下的力量，就能改變我們的過去與未來。

時間的本質

時間是難以捉摸的概念。我們將它劃分為「小時」、「日」和「年」等單位。我們在心裡緊守著時間的概念，我們會回顧過去，也會期望未來。如果說，過去和未來存在於各個平行宇宙，那麼當今天有了改變，未來就的確可能出現許多不同的結果。而且這不僅限於未來而已。無論你相信與否，**如果我們的意識有了改變，我們的過去和現在都會變得不同。**

現代有許多科學家相信所有的時間都是同時存在，時間之所以被認為是連續的一刻接著一刻，只是根據我們自身所體驗到的現象。上述這個被稱為「時空連續體」

（space-time continuum）的四維概念，雖然很難理解，但它基本上的意思是：「所有的時間乃同時存在」。

然而，過去、現在和未來怎麼可能同時存在？若真是如此，那麼當我們正在經歷「現在」的此刻，「過去」和「未來」又是怎麼一回事呢？這個問題的答案會令我們大吃一驚。

「時空連續體」有可能是一個既深且廣的空間現象。在這個空間，物質和能量可以同時往相反的方向流動。這個連續體也有可能是一個充滿各種可能性的場域，在這個場域裡，「過去」、「現在」與「未來」同在一個平面，各自以不同的速度振動。換句話說，「過去」、「現在」和「未來」是同時發生，只是在不同的振動速率共振。

這表示在線性移動中，「現在」的共振密實稠密得多，沉重密實的共振使我們感受到當下發生的事，並因此認定那些才是「真實」的時間經驗。我們的「過去」則是不那麼密實的振動（所以我們感受不到，就像消失了一般）。至於未來所在的平面則在我們的前面展開，能量正在此刻成形。

我們所經驗到的連續性的時間便是那個線性的移動。我們所看到和感受到的都是「現在」發生的事。但事實上，其他的時間也一直都在我們的生命中振動，充滿各種可能性。「過去」、「現在」與「未來」的同時存在和發生，提供了我們一個重要的工具，使我們能夠處理被記錄的編碼和模式，給了我們機會去改寫過去的紀錄，有意識地選擇現在要寫下的紀錄，並進而編寫未來的細節。

探訪未來

接下來我們要探討「過去」是如何仍然影響「現在」，以及我們可以採取哪些步驟來改變我們的過去和現在。接著，我們將談到如何探訪未來，甚至從未來改變我們現世和來生的命運。

然而，如果所有的時間都同時存在，那是否表示一切都已註定？如果未來就正在此刻發生，是否表示未來的事件都已經確定且無可改變？我相信答案是否定的。未來是以潛在能量的形式存在，充滿了各種可能性，而不是註定發生的事實。隨著我們改變自己的能量——包括過去和現在的能量——我們就能為未來寫下不同的結果。

我們的靈魂會為我們安排課題，但我們生命中的重要事件是可以被改變的。

著名的「海森堡測不準原理」可以幫助我們了解這個複雜的概念。根據這個原理，我們的世界是以一種「純粹可能性」的狀態存在，能量不斷地流動和變遷，改變隨時有可能發生。物質世界的波與粒子如此，我們的永恆生命亦然。

靈魂帶了課題來到人世，而生命中所發生的事件就是為了促使並幫助我們成長。當我們學會這些課題，我們知道我們可以有改變現世經驗的選擇，而這些改變也會影響未來的潛在能量。換句話說，雖然未來的能量已經以振動的形式存在，但我們永遠都有能力去改變。

▼鐵達尼號事件的啟示

阿卡西紀錄最大的作用之一就是讓我們能夠汲取其中的智慧，並運用自己的意圖、意識與能量來改正錯誤。我們不但可以改寫過去的紀錄，也可以觀看可能的未來，這不是只為了知道將來的事，也是為了更了解我們現在必須做出哪些改變才能創造最美好的未來。

有一個精彩卻鮮為人知的真實故事可以說明「未來紀錄」的存在和改變的可能。一八九八年，一位名叫摩根．羅勃森（Morgan Robertson）的男子寫了一本書，敘述一艘巨大的遊輪在北大西洋航道沈沒的故事。這艘船的右舷撞到一座冰山，幾小時之後就沈入水裡，由於船上的救生艇嚴重不足，導致一千多人命喪大海。

十四年後，發生了「鐵達尼號」的沈船事件。其中的過程有十幾處和羅勃森在書中描述的情節雷同。更奇妙的是，該書的書名竟然就是《鐵達號遇難記》（*Futility: Or the Wreck of the Titan*）。事件發生後，羅勃森透露，他是在做了一個非常逼真的夢之後，覺得一定要把它寫下來，因此有了這本書。由於書中許多細節都跟真實事件一樣，就連船名都與「鐵達尼號」相近，他顯然是接觸到有關那次事件的可能「未來紀錄」。這個不可思議的巧合令人好奇：

未來是否早已註定？

那些事情是否都將成真而無法改變？

如果不是事先註定，羅勃森為何能看到「鐵達尼號」沈船的經過？事實是：那個事件已經存在於未來的可能性當中，而且那樣的能量也已在運作。然而，如果不是有足夠的因素促成，這件事也不會發生。換言之，相關人員如果能夠改變他們的能量，做出不一樣的選擇，這個事件的結果就能被改變。然而他們並沒有那麼做。

原本鐵達尼號的主要工程師希望在船上放置足夠的救生艇，但設計師認為把那麼多救生艇放在甲板上實在很難看，於是推翻了這個決定。此外，出事當晚，他們有好幾次都收到前方出現冰山的警告，但為了速度，也為了未來的獲利，他們無視於那些警告。這些人員所做的決定顯然都是出自個人的需求。這幾種因素相加，最終就導致了羅勃森在書裡描寫的悲劇。

如果當初的人員不以金錢為優先，而是用更高的覺察與道德標準來考量全局；如果主事者能夠更重視人命，這個事件就可以完全避免。一個不同未來的潛在結果是存在的，但當時的能量並沒有改變，先是本末倒置的錯誤考量，接著又態度輕忽，於是不幸的後果成真。這顯示了一個基本事實：

能量決定事件。

當能量改變，結果和紀錄都會大不相同。

打造想要的未來

「打造想要的未來」對你個人意味著什麼？它意味你可以探索阿卡西紀錄，了解你目前的能量可能會把你帶往的方向，然後再決定你要改變自己的哪些能量，以便創造你想要的結果。你除了可以觀看可能的未來，你實際上也能夠撰寫你的「未來紀錄」，把想要的結果與經驗寫進你永恆靈魂的紀錄。事實上，你可以透過本書的一些方法來設定你的意圖，也就是對未來的目標（這點我稍後會談到），然後調整你現在的能量與你的目標一致，明確堅定地讓未來朝著你想要的方向發展。

這麼說或許會讓有些人感到驚訝，但你也能利用阿卡西紀錄來做其他事，像是找工作、選擇適合投資的股票、尋覓新居，或甚至愛情。因為當你進入阿卡西紀錄探索時，你便是置身於一個充滿能量與資訊的振動渦旋中心，那是世上最強大的力量之一。

開啟通往阿卡西紀錄的大門

你有許多方法可以接通這股不可思議的力量。事實上，你通常不需刻意做什麼就能接收到來自阿卡西紀錄的訊息。這往往發生在你心情放鬆、心胸開放、樂於接受新事物的時候。這樣的狀態通常也是你的腦波頻率處於阿爾法波的時候，這是一個人最靈敏、最有創造力的狀態。

當你的腦波頻率介於8到14赫茲時，你就是處於「阿爾法波」。這是冥想和做夢時的腦波。超過14赫茲就是「貝塔波」，那是清醒和活躍狀態下的腦波。7和低於7赫茲則是熟睡或出神狀態的腦波。雖然處於「阿爾法波」是連結強大的資料渦旋的最佳狀態，但並非一定如此才能連結。讓我們看看可以通往阿卡西紀錄大門的途徑有哪些。

- **冥想：**任何形式的冥想都可以將你的腦波帶到「阿爾法波」。在這種狀態下，你自然而然就能連接上阿卡西紀錄。如果你能設定以接觸阿卡西場域為目標，並且練習和運用書裡的許多冥想程序，效果將會更好。你可以嘗試書裡的各項練習，也可以創造自己的方法。靈感或啟發可能在任何時候和狀況下發生。
- **自動浮現的靈感、直覺與夢境：**許多時候，你可能會在毫無預期的情況下突然接收到阿卡西紀錄的訊息。這個訊息通常跟你正在全心處理的某個問題或正進行的計畫有關，因為那是你生活所專注的重點。而有時訊息跟你目前關心或擔憂的事並沒有關聯，這時你接收到的是從阿卡西場域深處隨機浮現的資料。此外，你在夜晚做夢或平日做白日夢時也可能連結上阿卡西紀錄。事實上，這些資訊往往會在你快要睡著或剛醒來時出現。因此，在床頭放本筆記，以便隨時記下夢境和影像會是很好的做法。
- **靈魂的訊息：**你也能夠直接透過靈界的使者得到許多訊息。許多靈體、已故的家人、朋友、你的指導靈和天使都願意為你帶來訊息和啟示。我在第八章會進一步說明。接下來的冥想練習將帶你認識一位你的紀錄指導靈。請抱持開放的心態來體驗這個過程。這將開啟一趟美好的旅程。

■ **解讀阿卡西紀錄：**許多靈媒、具心靈天賦者和直覺能力強的人可以深入探索阿卡西紀錄，提供各類解讀，包括前世經歷。這些人或許因為經常開啟能量場域的門戶，更容易進入和接收到阿卡西的訊息。當他們跟個案連結時，他們能夠感應到對方的獨特振動頻率，並自動與個案特有的生命力能量連結。透過這個方式，他們接收到與個案有關的各種訊息，譬如該如何處理目前的工作，以及前世經歷對今生的影響等等。你也可以學習為自己解讀紀錄。當你和這個美妙的能量庫建立連結，你將會大開眼界。

觀看阿卡西紀錄

人們所看到的阿卡西紀錄有許多不同形式。有人認知它為一本古老、龐大的書冊，當你提出問題，它會自動翻到寫著答案的那一頁。也有許多人認為阿卡西紀錄是一座圖書館，裡面收藏了無數書籍和卷軸。也有少數人看到的是某種現代的數位產品，資訊會出現在螢幕上。

隨著閱讀本書，你會發現後面篇章的練習也是運用許多不同的形式，由於這些資訊就在你周遭振動，你可以選擇以自己最自在的方式觀看。即使你選擇把阿卡西紀錄想成是一本大書，如果看到書上出現清晰的影像，甚至影像在頁面移動，也不用訝異。你也可以把它想成是一台電腦或平板電腦，甚至可以想像自己在用「阿卡西搜尋引擎」尋找想要的資料。

有些人說阿卡西紀錄儲存在一座以振動形式存在的雄偉建築裡。有人稱這座建築為「紀錄殿堂」，也有人稱為「學習殿堂」。你可以把它觀想成任何樣子，畢竟在建立與阿卡西紀錄的連結時，最重要的是你的**意圖與能量**。

為了接通紀錄裡的資訊，我們將要探訪一些地方。接下來的冥想將帶領你認識你的「神聖殿堂」。你在那裡會遇見一位能引領你探索阿卡西紀錄的嚮導（或稱阿卡西紀錄的指導靈也可以）。他將帶給你一些訊息或啟示。請敞開你的心，準備接收。

▼ 冥想練習：你的神聖殿堂

以下是冥想的文字稿。你可以用自己的方式依步驟進行，也可以先將它錄音，在冥想時播放，用來引導自己觀想。

1. 讓自己舒適地坐著。深吸一口氣。放鬆你的肩膀、手臂和腿部。放鬆你全身的肌肉。
2. 再做一次深呼吸。把腦袋放空，讓你的意識緩緩飄移到你的心輪。
3. 讓自己更放鬆。觀想你的前方出現一條美麗的道路。你注意到道路兩旁是一片茂盛的青草地，上面長滿了美麗的花朵和結實纍纍的果樹。陽光燦爛，這是個美好的一天。
4. 你沿著那條路繼續往下，發現有一棟非常美麗的建築物。那是屬於你的「神聖殿堂」，它在陽光的照射下，看起來燦爛耀眼。它像是以明亮的白色大理石、水晶或光亮的玻璃建造而成。此刻，它就在你的前方閃閃發光。
5. 這是你的「神聖殿堂」。它是一個神奇的地方。你在這裡可以和阿卡西紀錄連結，接觸到你所需要的所有資訊。你在這裡也可以和靈界、天使界、你的指導靈、大師、已故的親友和家人，甚至你的高我連結。
6. 現在，觀想自己走向這座閃閃發光的美麗建築物。進入之後，你發現裡面充滿了光，以及美好的愛的能量。你站在裡面，內心感到平靜無比，感覺充滿喜悅和力量。

7. 就在你感受這內在深沉的平靜時，你注意到有道明亮的光芒來自隔壁房間。你走進那個房間，看到裡面有個美麗的靈體。他就是你的阿卡西紀錄的嚮導。你知道這個慈愛的靈體是來幫助你的。停下腳步，用心與他連結，感受他傳送的無限的愛與永恆的支持。

8. 現在，你意識到那個靈體有訊息要告訴你。請敞開心靈接收這個訊息。可能是一個字、一句話，甚至一個影像。你可以很輕鬆地就接收到這個訊息。

9. 你知道以後你會繼續從這位慈愛的嚮導接收到愈來愈多阿卡西紀錄的訊息。請敞開心靈接納你所接收到的一切。

10. 現在，花些時間感謝你的嚮導在這個「神聖殿堂」給予你的愛與支持。這是你的靈魂殿堂，閃耀著你的「神性之光」。這個光提醒你，你非常重要、你值得，而且你充滿力量。

11. 每當你想找回內心的安定、重拾自己的力量，或是想在這個慈愛靈體引領下與阿卡西紀錄連結，你隨時都可以來到這裡。這是屬於你的神聖之地，充滿了愛與無限的可能性。

12. 讓自己維持在此刻的平靜心境，你現在要帶著你從這裡得到的喜悅與知識，回到你所在的時空。

13. 伸展一下身體，把你的意識帶回現在。在未來的日子裡，你將會透過你的直覺、靈體的幫助，以及這個冥想，接收到更多來自阿卡西場域的訊息。

14. 你現在正回到你所在的時空。在接下來的幾天、幾個禮拜和幾個月，你將會發現你和你的嚮導以及其他靈體的連結愈來愈深刻。同時，你也會感受到他們帶給你的喜悅與指引。

15. 讓自己慢慢地回到現在。請記得：你具有強大的力量，你有能力與「神聖殿堂」裡的美好與平靜感受連結，並從你的阿卡西紀錄得到啟示。

＊　＊　＊

除了今生的你之外，你還有一個永恆的身分。阿卡西紀錄就儲存著所有關於你的資料，包括你是誰、你的經歷、將來可能的際遇等等。只要開啟你的阿卡西紀錄，你就能獲得這些資訊。你將可以窺見永恆，因為你原本就是永恆的一部分。你的過去、現在與未來都保存在阿卡西紀錄，只等著你去接通。那是你的靈魂地圖。你可以從這個地圖看到自己走過了哪些路，未來又將前往何方。

透過發現這些資料，你會明白你的靈魂意圖。當你在追求和實踐你的靈魂目標時，你將開始和宇宙同步，在生活裡看到越來越多奇妙的巧合。屆時你將意識到，你的生命時時刻刻都充滿了無限的可能性。

摘要

- 「輪迴」可以解答我們心中的許多疑問，例如我們為什麼感覺和某些人有特別的連結、有些習性為什麼特別難戒除等等。
- 我們回到人世是為了獲得新的體驗，從經驗中學習，讓自己和世人能有更多的開悟和啟發。
- 探索前世紀錄可以幫助我們釋放負面影響並吸引正面的人事物。
- 未來以一種「純粹可能性」的形式存在。我們的靈魂會為我們安排課題，但我們生命中的重要事件是可以改變的。
- 有許多方式可以開啟通往阿卡西紀錄的大門，包括冥想、靈體的訊息、解讀阿卡西紀錄及自動浮現的靈感、直覺與夢境。

PART II

與你有關的一切

「你這一生內心一直有個熱愛學習、喜歡玩耍的靈魂在引領著你。那是你真正的自我。不要放棄任何可能的未來，除非你確定你無法從中學到任何事物。你永遠都有改變心意的自由，永遠可以選擇一個不一樣的未來，或一個不同的過去。」

——理查．巴哈（Richard Bach），《夢幻飛行》（*Illusions*）

第四章

現在與過去的連結

無論從情感和能量的角度來看，你的過去（包括童年與前世的經驗）和現在都有相當的關聯。了解其中關聯是個人療癒和重拾力量的關鍵。

當你觀看並改寫過往的紀錄時，你會更加明白眼前需要做些什麼才能創造必要的能量，打造你想要的未來。

「業」（Karma）這個字在梵文是「行動」的意思。你現在所採取的行動對你的現世和遙遠未來將會產生驚人的結果。這個能量與時間的連結現象很值得探究。悠遠過往的因果穿越現在，進入未來。但別忘了，在時間線上，現在既是通往過去，也是通往未來的門戶，它能開啟過往的資料，也能幫助我們改變現在的能量並創造想要的未來。

通往過去的門戶

你個人的阿卡西紀錄儲存著無數的重要資訊，但如果你想了解前世的哪些經驗至今仍影響你，你並不一定要實際觀看那些紀錄。你只要**檢視今生就能找到許多和前世有關的線索**。

事實上，檢視今生是你開始探索阿卡西紀錄的一個絕佳方法。當你檢視今生的模式，你的行動能量就會開啟時間之門，使你更容易接通你的阿卡西紀錄。當你認知到並願意面對自己想努力改善的現世問題，你便是在為接收所需的前世資料做準備，而這些資料將幫助你做出重大改變。

和前世有關的線索

以下所列是最常見的一些指標，它們顯示我們在哪方面可能受到前世經驗的影響。

在每個段落後面的練習都接著一系列問題，這些問題揭露出對你現在而言最重要的議題。回答這些問題不僅可協助你接通阿卡西紀錄，也會讓你更容易接收到對你最有幫助的特定前世資料。

1. 個人的好惡與傾向

你也許已經發現某個時代或地方對你特別有吸引力。如果你非常喜歡某樣事物，無論它是某地或某時期的藝術、音樂、語言、文學或建築，這都顯示你很有可能曾經是那個時代的人。如果你特別偏愛某類氣候或地區，那可能代表你曾有一個或更多的前世是在那裡生活。有趣的是，如果你討厭某個地方的食物，或是不喜歡某個時期的服裝或音樂，也可能顯示你在那個時期或地區曾有過不愉快或甚至重大創傷的一世。

反之，如果你對某個地方或時期沒有什麼感覺，或是對它的歷史、風格、音樂或料理完全不感興趣，你就不太可能曾經投生在那個地方或時期。

反應的**情緒強度**也可以顯示前世經驗的深度與類型。有趣的是，你這世的血統也是指標，它顯示你的前世很可能曾經生活在祖先所居住的地方。

▼ 練習：地點探索

請回答以下問題，並把答案寫在你的阿卡西日誌。這些回答可以提供你前世居住地的線索。

- 你的祖先（還有你的配偶或好友的祖先）是哪一國人？你曾經去過或打算去哪些國家？即使你是因為工作的緣故出差到某些地方，也可能表示你曾在那些地方工作過。
- 哪一種環境或氣候對你最有吸引力？涼爽的山間湖泊？繁忙的城市？乾燥的沙漠？你不喜歡或抗拒哪種氣候或環境？
- 列出你明顯喜歡和不喜歡的藝術、音樂、料理、文化、宗教或靈修方式，甚至服裝風格。看看所列的清單，想想它們可能代表歷史上哪些時期或地球上的哪些地方。

＊　＊　＊

2. 職業、才華、嗜好及其他興趣

你目前的工作或事業也會顯示你的前世經驗。如果你長期以來曾經每天都固定從事某個活動，那麼你在前世很可能也是如此。舉例來說，如果你今生是位老師，你前世可能曾經從事某種教育工作，甚或褓姆。而即使你不喜歡現在的工作，也有可能你是在重複前世的經驗。因此探索阿卡西紀錄對於了解你在這世的工作體驗和目的會很有幫助。

你的嗜好和興趣也能為前世提供線索。譬如說，如果你喜歡收集錢幣，你前世可能曾在銀行或甚至鑄幣廠工作過。如果你是歷史迷，留意自己最喜歡歷史上的哪些時期或地方，這意味你前世可能曾經參與那些時期或地區所發生的歷史事件。

才華也是項強烈的指標。如果你有學習語言的天分，有可能你的前世曾經往來世界各地。如果你喜歡演奏某種樂器或從事某種運動，你很可能會從阿卡西紀錄發現你在前世也有同樣愛好。就算你很不擅長某件事，那也可能代表前世的你在這方面就曾遇過挑戰。

磨人的經驗

有位個案曾有「乳糜瀉」，那是對小麥過敏的一種現象。當我們探索她的阿卡西紀錄時，發現她有一世是在磨坊工作的男性，負責把小麥磨成麵粉，但他很討厭這個工作。強烈的怨恨情緒使得她放不下那個前世經驗，也因此產生與此相關的身體過敏反應。

✔練習：興趣與活動

回答下列問題，將答案寫在你的阿卡西日誌，這會有助開啟通往前世紀錄的通道。

- 列出你在這一世最喜歡的嗜好、你的才華或最喜歡的活動。也列出你從事過的行業（無論順不順利）或所有你曾經做過六個月以上的工作。回想這些工作經驗和心情。
- 你最拿手或是做起來最不費力的活動有哪些？在這一世有什麼活動或事情讓你覺得不容易掌握或不自在？
- 有沒有什麼工作或行業是你想做卻一直沒去做的？有那些靈修活動是你感興趣或甚至抗拒的？

＊　＊　＊

3. 慢性的身心疾病或長期的財務問題或模式

如果你有某種慢性病（像是關節炎或過敏），也可以從阿卡西紀錄找到源頭。心臟病、偏頭痛、腸胃疾病，甚至癌症，往往都跟前世身體所受的某種創傷有關。甚至這一世的疤痕、胎記和手術也可能顯示你在前世有過的意外或創傷。

深入骨頭

我有位個案在很年輕時全身骨頭就有嚴重的關節炎。當我們觀看他的前世紀錄，發現他曾被驚慌逃竄的獸群踩踏，斷了許多根骨頭，其中有些從來沒有完全癒合。這個記憶不僅儲存在他的前世紀錄，也留存在他細胞記憶的能量裡。

持續的情緒問題，像是憂鬱、焦慮、神經失調乃至化學物質失衡，都可能與前世有關。任何身體或情緒的成癮症狀也是如此。

甚至一群人如果有同樣的病症，有可能是源自他們在前世的共同遭遇。有一回，在一場研討會，一位女子問我為什麼她的家族有這麼多人罹患纖維肌痛症。當我觀看她的阿卡西紀錄時，發現她和罹患此病的家人，前世都在採礦時遭遇礦坑崩塌的意外，許多人因此喪命，有些人受到重傷。當我告訴那名女子礦坑位於英國的威爾斯（Wales），她說她正在寫一本書，這本書正好跟十九世紀末威爾斯的採礦小鎮有關。她之前並不知道家人罹患纖維肌痛症的原因，但她下意識知道自己和那世有很深的連結，因此才會直覺地想撰寫相關書籍。

你如果經常處於某種情緒，有可能也跟前世經歷有關。如果你時常感到沮喪、害怕或焦慮，很可能你在某世（或不只一世）體驗過許多令你沮喪、害怕或焦慮的情境。此外，如果你這世有種無力感，有可能是源自你曾被他人剝奪力量的前世殘留反應。

不再被使喚

我有位非常害羞和被動的個案。她總是讓別人來決定她生活中的大小事情。她意識到這樣的模式並不健康，也讓她過得很不快樂和處處受限。她很想要改變，於是我們擬定了一項行動計畫，列出她目前可以做的事，同時也檢視她的阿卡西紀錄，看看問題究竟是源自何處。

我們發現，她有許多世都有被奴役的經驗。她有好幾世是僕役或傭人，有一世是奴隸。在另外一世，她是地位卑微的妾，和幾十個女子共事一夫。那些女人經常對她頤指氣使。顯然她這一世是在重複同樣的能量模式，為的是要重拾自己的力量。

於是她運用第六章描述的技巧（參見第139頁）改寫那幾世的紀錄，並透過肯定語句來消除她的恐懼和自我懷疑，重拾力量與勇氣。此外，她努力改變這一世的行為與人際關係，為了實現自我，她也鼓起勇氣冒更多的險。過了一段時日，她變得對自己愈來愈有自信，對於做出的選擇也愈來愈有把握，愈來愈能掌握自己的人生。她終於感到長久以來不曾感受過的自由。

我們這一世的財務模式通常也和過往有關。甚至我們在小時候學到的金錢觀也會成為我們紀錄的一部份而影響長大成人後的我們。像是「金錢是萬惡之源」或「人生很辛苦，要填飽肚子不容易」等觀念都會削弱你的力量。如果你有這類想法，想要實現財務上的成功會很辛苦。

現世的貧困也與前世的財務困境模式有關。如果你前世（或不只一世）曾經對有錢人心懷怨恨不滿，這樣的怨恨能量可能會使你今生依舊貧困。也或者你曾有過富裕的一生，但後來卻失去一切，這個「命運逆轉」的一世在你的紀錄留下了很深的恐懼與失敗感。這類前世的財務創痛可能會讓你得出「一個人有了錢，就會成為眾人覬覦的目標」或「金錢很難留住」的結論。因此，雖然你今生可能一直渴望致富，但你在潛意識裡卻也可能有強烈的意圖想要過安全的生活，因此維持貧困以維繫「安全」或確保無錢可失的「安全感」。

練習：探究你的問題模式

請把以下問題的答案寫在你的阿卡西日誌，檢視自己對現世模式的想法，以及這些模式和你個人前世紀錄的可能關聯。

- 列出你這一生有過的身體問題（包括童年時期），這些答案可能導向前世的資料。這些身體情況對你有什麼影響？有因此影響你的肢體活動或造成任何情緒反應嗎？

  想想自己是否有任何與身心有關的行為模式，譬如上癮。你有任何成癮行為嗎？你想在哪方面做出改變，以便更能掌控自己的生活？

  這些答案都可能和前世有關，而你可以改寫那些前世紀錄。

- 你最常感受到哪些情緒？

  害怕、沮喪、憤怒或偏執是你的常態情緒嗎？你有沈迷於任何事物嗎？

  這些情緒模式對你的日常生活有什麼影響？

是否有哪些特定人士會讓你產生這類情緒反應？

這些是你在檢視你的人際關係紀錄時的重要參考。

- 你是否有一再重複的財務模式？

你曾經長期匱乏或蒙受金錢損失嗎？

你過去在金錢方面所做的選擇有哪些是你想要改變卻一直無法改變的？

＊ ＊ ＊

4. 情感和人際關係模式及相關課題

伴侶、家人或同團體的人選擇一起重回人世是常見的情形。這樣做的目的不僅是要重續前緣，也是為了和某些人解決前世的問題。也因此，我們可以從人際關係紀錄找到有關我們靈魂進化的最重要線索。

孤寂的郵差

有名男子因為一直無法找到伴侶而來找我協助探究原因。我們查看他的前世紀錄，發現他有一世曾經是郵遞驛站的信差，負責騎馬送信到美國西部邊境。當時他愛上一位年輕女子，但因為自己常常一出門就是好幾個月，他覺得不該耽誤她的青春，於是認定自己「不適合談戀愛」，而這樣的想法就被寫在他的前世紀錄裡。

他把這個結論帶到了這一世。有趣的是，他這世所做的工作甚至跟前世相同；他這世是個郵差，只是這次的工作地點離家很近。他後來成功釋放了前世的舊紀錄，允許自己享有戀愛的自由。

很快地，他遇見了理想中的女孩。經過進一步探索，我們發現她正是他在前世放棄的那位女子，而且連名字都一模一樣！

我們與他人的關係往往蘊藏我們這生要努力的目標和學習的課題。舉例來說，我們被每個人吸引的原因和相處方式都不同。真正的愛雖是一種純粹的情感，但有時我們會因為其他的情緒能量，而以不怎麼健康或榮耀的方式與他人相互牽絆；譬如氣憤、怨恨和排拒，這只是例舉幾個情緒而已。許多人與周遭的人的互動只是出於自然反應，而非有意識地回應，很多人也不是那麼在意自己正在寫下怎樣的紀錄。然而，我們與他人的關係紀錄卻是生活中對我們產生最大影響的能量。

我們必須清楚覺察自己是如何對待他人，並且覺察自己是否允許他人不當地對待我們。無論是哪種關係，一旦我們意識到與對方的相處模式並不健康，我們就必須做出改變。我們的最終目標是要能做出尊重自己並也要求別人尊重的選擇。

現在讓我們來看看最常見的業力關係，以及你的現世生活揭露了哪些人際和情感上的線索：

▼戀人、配偶與性伴侶▲

伴侶間的關係是要能彼此關愛、支持、尊重和溝通。如果有一方過於軟弱或自尊低落，可能會造成過度依附、相互依存的關係，而且未來世也很可能重複不愉快和不健康的互動。如果其中一方施虐或敵視另一方，這樣的模式在轉世後也將繼續重複，也或者是角色對調。

當關係中存在著這類模式，至少有一方要能認知到這是改變和成長的契機，然後採取某種行動。許多人認為這類業力關係註定要持續一輩子，但事實上，有時課題只是要你學習重拾自己的力量，然後放下那段不健康的關係。

有許多人以為性的關係就意味愛情，但事實未必如此。性雖是兩人間最親密的能量交換方式之一，但當其中一方對另一方沒有愛，而後者卻錯誤解讀時，就會導致失望和被拒的強烈情緒。顯然地，這裡的功課是要學會看重自己並肯定自我價值。

▼父母與子女▲

親子關係是最容易引發情緒反應的關係之一，它也可能是最充滿業力課題的關係。身為父母的角色是要去愛、去指導和支持孩子，給他們力量，甚至幫助孩子了解他們的永恆價值與靈性真相。如果父母沒這麼做，反而給孩子錯誤訊息和虐待孩子，那麼氣憤和報復的模式便會形成，而且父母與孩子的角色可能在來世互換，並因此冤冤相報下去。孩子如果從小被虐，或被父母排斥、否定、忽視，他們的認知和情感會受到重大傷害，而這些保存在他們阿卡西紀錄裡的傷痕將導致他們長大後出現不健康的行為模式，在人生路上跌跌撞撞。

這些被負面對待的紀錄必須被療癒，情緒必須釋放，對自我的認知必須反轉為愛自己的滋養模式。事實上，許多人一生中的主要課題往往是源自父母親的對待方式——即使這個方式一般會被視為是支持的態度。

歸根究底，是我們要為自己負起責任，選擇自己的信念。我們可以選擇在個人道路上給予我們力量並榮耀我們永恆生命的信念。無論過去我們的父母教導我們如何看待自己和這個世界，現在，我們都要為自己負責。

這是非常重要的事實。因此，在回答第96頁練習的問題時，請審視你現在的人生，並運用第六章提到的技巧檢視你的「前世紀錄」，看看你從前世帶了哪些模式到這一世，以及你對童年有怎樣的感受。請記得，你長大成人後的觀念、態度和人際關係很可能受到這些模式和感受的影響。

▼朋友、手足與同事▲

在一個健康的關係裡（無論是多親密友好的關係抑或只是表面上的關係），有些事情是必要的，像是共同的興趣、相互尊重和支持，至少，禮貌友善的相待態度。要建立健康關係的阿卡西紀錄，並療癒舊有的負面業力模式，關鍵就在於坦誠溝通，劃定清楚明確的界限，並且尊重自己和他人。

對某些人來說，在關係裡（尤其是與家人的關係）要劃定界限並堅持對方尊重自己，可能不那麼容易。但如果關係裡缺乏尊重，負面模式會留在雙方的阿卡西紀錄，很可能下一世必須回來重修彼此的互動，直到能建立起健康的關係為止。

▼離群索居或單身▲

離群索居或是孤單沒有伴侶的模式通常是源於過往某些痛苦經歷。如果你在前世曾經受過創傷、被虐或被拋棄，你這生可能會為了「安全」而選擇獨自生活，以避免受傷。也或許你曾經發過獨身的誓言，或覺得遠離社會人群會使你「更接近上帝」。也可能你在前世曾因擔心失去自主性而不想與他人親近。這些舊紀錄都需要被清除並重新改寫，以信任和對愛開放的態度來迎接愛。

▼你和自己的關係▲

這一項雖然列在最後，卻是你生命中所有關係的基礎。檢視這世你是如何對待自己、如何認知、看待自己，以及每天是怎麼對自己說話都非常重要。這些模式很早以前就寫進你的紀錄，如果沒有任何改變，未來也會這麼持續下去，因此務必要有所覺察。

你必須有意識地與自己建立良好的關係，你要肯定自我的價值、尊重自己，對自己慈悲，並重視自己的需求。這些方向是你的靈魂目標，因為它們反映出你認知到自己的永恆價值。這樣的模式也會反應在你和別人的關係上。如果你的人際和情感關係是建立在這個方向，你們將更能發展出相互尊重、能夠自在表達想法，能提出合理要求並設定適當界限的關係。

以健康、快樂和建設性的方式與他人共度人世之旅是我們來到地球的主要原因之一。我們和他人的關係是人生紀錄的重要主題。如果我們想要有令自己滿意的人際／情感關係，就必須先調整我們與自己的關係。

▼練習：探索你的人際關係

1. 將下列問題的答案寫在你的阿卡西日誌。回答的過程可能會讓你有些難受，但請誠實作答，因為你的關係紀錄是決定你快樂與否和未來命運的關鍵因素。請列出你對生命中這些人的感受：

－父母

－配偶、情人或有過親密關係的人

－兒女

－朋友、手足、同事

2. 你對他們有過左列的情緒嗎？在每個情緒下方寫下人名或是你跟他們的關係：

－恐懼

—感謝
—生氣
—愛
—厭惡
—接納
—批判
—支持
—任何未解決的負面感受？
—任何沒有表達出來的正面感受？

3. 你和自己的關係如何？
—你是否尊重、重視並且鼓勵自己，就像你希望別人能這樣對待自己一般？
—你如何對待自己？
—你如何看自己？
—你平常都怎麼對自己說話？

4. 你需要如何改變和自己的關係？你要怎麼做才能更肯定自我價值並榮耀和支持自己？

5. 你要如何與他人建立平衡的關係，並維持內在與外在的和諧？

6. 想一想你在所有關係裡（包括你和自己的關係）是用以下哪些方法來尊重自己：

- 表達自我
- 說真心話
- 設定界限
- 重拾自己的力量
- 提出合理要求
- 不依附對方
- 不評斷對方
- 富有同情心
- 接納自己和他人

* * *

▼今生線索就是你寫下的今生紀錄

記得，你的阿卡西紀錄並非只與前世有關。事實上，你時時刻刻都在以你的能量和意圖在撰寫這本「永恆的生命之書」。你認知和對待自己與他人的方式會在你的紀錄產生強大的能量並形塑你的未來，因此你有責任覺察自己在這生的各方面作為。

你的靈魂指令是要療癒所有不健康的模式，這也是阿卡西紀錄本身的主要目的之一。它的目的不是要數算你做過哪些壞事或哪些錯誤決定。阿卡西紀錄的振動呈現的是你永恆生命的歷史、你所做過的選擇和你看重的事項；它帶給你無盡的機會可以了解自己、做出改變、得到療癒，並且有所成長。

你的靈魂渴望改變那些違背你內在價值的紀錄，也渴望轉變那些讓你無法獲得真正快樂的振動。你有能力改變過往的負面紀錄，但為了達到更高層次的開悟，你也必須留意自己在這世正寫下的紀錄。你要願意釋放舊有習性，並在每個當下寫下有益靈性提升的新紀錄。

無論你目前的行為模式如何，你在每個當下都有機會做出選擇——你可以選擇自己的想法、行為、專注的焦點和你的優先要務。放下憂慮，停止自我批判，信任自己並欣賞自己。當你轉換了你的負面情緒，哪怕只是一會兒，這也會改變保存在紀錄裡的模式，為你的阿卡西紀錄帶來光明與喜悅的能量。

摘要

- 檢視今生是開始探索阿卡西紀錄的好方法，原因有二：這有助開啟通往阿卡西場域的門戶，以及幫助釐清你想透過探索阿卡西紀錄來解決的問題。
- 你的喜好、職業、才能、行為模式和感情／人際關係都可能顯示你的前世經歷。
- 一個人的主要情緒和認知模式，譬如恐懼和自我批判，都強烈顯示從前世帶來的課題。
- 從這世的線索可以看出你在這世留下怎樣的紀錄，你因此可以現在就做出你想要的改變。

第五章

開啟你的前世紀錄

你的個人紀錄涵蓋了龐大的資訊。你的不朽靈魂乘著時間之流前進，穿越一個又一個世紀，經歷了一個又一個的身分，但它的靈性本質從未改變。你的靈魂意識儲存著自太初至今，乃至無垠的未來，與你有關的所有資訊。

無論你是否察覺到，你在每一生每一世所寫下的紀錄都會保存在你的意識裡。這些永恆的紀錄影響著你現世的生活，也被你現世的生活所影響。你前世的能量振動、信念、想法、情感和記憶都是形成屬於你的獨特共振的紀錄。這些前世紀錄儲存在你體內的細胞和你的生命能量裡。你的永恆歷史——打從你的靈魂起源、你生生世世的經歷，以至此時此刻所發生的事——都形塑了今日的你，也決定了你將來會吸引怎樣的人與事件。

業的紀錄

你在每一生每一世的業都會被記錄下來。這份紀錄裡的資料包括你累世的身分、經歷，以及你對生命事件的回應。這些業的紀錄組成並驅動著你的能量。你的靈魂想體驗令人興奮的冒險人生，也渴望能更深刻地認識生命本質，你的靈魂希望更多的成長和開悟。

業並不是懲罰，不是上天管教你的手段，而是靈魂學習、進化、分享和成長的過程。你的業雖然被寫進紀錄，但並非無可改變！這是靈魂的獨特設計，為的是幫助你進入更高的意識層級。

業是一股動能。它具有許多作用，也為我們帶來各種課題。透過了解、恢復或轉換你的能量模式，靈魂得到擴展。瞭解自己的業會幫助能量轉變和流動。這樣的變化與流動會進而影響你的意識和未來。當你明白了自己要學習的課題，並且改變過往與現今的模式，你就能為你現在和未來的生活，以及來世，帶來療癒。

前世的目的

解讀我們的業力紀錄有助於清理現世生活的混亂局面。這些紀錄不但能讓我們了解前世經驗和相關能量，也會揭露我們個人的重要課題，幫助我們成長和開悟，並且協助愛與開悟的能量在宇宙間擴散。

認知到自己與他人天生就具有的價值，並在當下就採取能夠體現這種價值的行動是很重要的課題。這將轉變你的意識，你因此寫下的是能夠創造更美好未來的現世紀錄。這些和諧的振動與宇宙的精神是一致的，也因此會為你帶來更多的祝福，並釋除那些原會讓你陷入困境的業力。

然而，如果你抗拒阿卡西紀錄所揭示的課題，你可能會遇到一些迫使你不得不做出改變的情況。請記得：沒有所謂「惡業」這回事，只是同樣的能量回來罷了。你可能會一再要面對類似的困境，但這不是因為你受到某種懲罰，而是因為你的靈魂想要改變。只要你願意回顧過往並改變現在的行為，你就可以完成課題，改寫紀錄，並預防未來發生更多類似的問題。

紀錄裡有些什麼

據說我們每一刻的想法、經驗和選擇，都被寫在阿卡西紀錄。其中有些經驗的力量較大，因此留下的印記較為深刻。有些經驗則因無關緊要而沒什麼影響。然而，有的經驗，像是重複出現的個人關係、身體問題或強烈感受，則會成為紀錄裡的主要模式。在個人的阿卡西紀錄裡，有三種經驗很可能需要改寫。

1. 讓你產生強烈感受的事件

無論是在前世、今生甚或來世，一個經驗所引發的情緒愈是強烈，它對你的想法、行為、感受、事業和人際關係所造成的影響就愈大。無論這個事件是愉悅或困難，它引發的情緒愈強，對你的經驗和相關認知所造成的衝擊就愈大。一個讓你無比愉快的體驗——像是愛情、友誼、熱情或被賞識的感覺——會對你現在的生活產生正面影響。反之，任何非常負面的經驗——例如被人拋棄、陷入財務困境、罹患重病、親人死亡或遭人背叛——也會對你今生的經驗與所做的選擇有強烈的衝擊。

紀錄一旦寫下，它就成為你的能量編碼的一部分。在你改寫那些紀錄或在面對相關問題採取不同的模式之前，那些過往紀錄將會持續影響你現在的生活。

阻撓愛情的能量

我有位個案一直無法找到相愛的人，就算有交往對象，關係也無法持久。我們探索她的前世紀錄時，發現她先前幾世都有同樣的問題，因此她內心已深信自己不可能找到真愛。她為此感到挫折，覺得自己不被愛也不被接受。這些信念和感受都留在她的前世紀錄裡。她後來運用我在下一章（第139頁）所提到的技巧，創造了新紀錄並改變原有的信念與情緒。最後，她也終於找到尋覓已久的愛情。

如果你想解決某個引發你強烈感受的問題，卻總無法成功，可能是因為你不自覺地在重複來自過去的負面情緒與信念。由於你現有的目標與期望和你在前世紀錄裡所銘記的能量並不一致，因此產生了你沒有察覺到的能量障礙。

2. 健康問題與身體創傷

就如前一章所說的，今生的某些問題很可能表示前世的身體創傷。這些經驗不僅寫在阿卡西紀錄，也編碼在你的細胞意識，透過潛意識的記憶和身體模式影響你的身心健康。

怕水的記憶

我有個個案在過去某世險被溺斃，今生的她有氣喘，而且非常怕水，不敢坐船，甚至在淋浴或泡澡時都有過嚴重焦慮和恐慌的經驗。當我們清除了她的恐懼並改寫前世紀錄後，她的氣喘有了大幅改善。她雖然依舊不想坐船，但已能安心洗澡，不再莫名緊張了。

你在今生面臨的許多挑戰源自於你不知道的前世歷史。前世若遭受過身體、精神暴力或意外，這些經驗都可能影響你這世的身體狀況，因為這類強烈事件會深深烙印在你的意識和細胞記憶裡，並在你這世的身體狀況扮演著主要角色。當然，並非所有的身體問題都源自前世經驗，但許多重大或慢性疾病往往和前世所經歷的重大身體創傷有關。

前世的死亡經驗也會對現世有所影響。前世的死亡時間和震撼程度會被烙印在前世紀錄，這在早逝或猝死的案例尤其明顯。由於靈魂尚未完成那世的旅程和學習的課題，因此往往會選擇立刻轉世——帶著肉身死亡時的情緒和肉體編碼重返人世。

對火的恐懼

我有位朋友曾經夢見自己死於一場火災。她知道那是發生在她前世的事，因為當時她身上穿著風格老式的服飾。她因為那場夢恍然大悟自己這生為何一直怕火。事實上，每當她出門旅行，只要一住進旅館，她做的第一件事就是察看逃生口和太平梯的位置。

雖然在任何年紀發生的死亡都會引發情緒衝擊，但死亡在英年早逝的案例所造成的衝擊會特別強烈。因為靈魂不僅想體驗人生的樂趣，也想完成它預定的學習課題。因此當生命突然中止，靈魂往往會渴望很快重回人世，繼續未完的歷險。

老年人在死亡時的感受通常不像年輕人那般強烈。儘管他們仍不想放下人生的美好體驗，但到了這個階段，他們已經體驗過各種人生滋味，包括愛與失落、喜悅與憂傷，因此他們的靈魂往往已經準備好要回到慈愛的源頭。在這種情況下，即便死亡時的情境是痛苦的，他們的靈魂也較不致受到衝擊。

3. 關係模式

如我在前一章所提到的，你每一世的人際關係模式在你的靈魂紀錄是很重要的元素。這些來自你前世的紀錄對你的今生仍會有強大作用。不論是透過丈夫與妻子、父母與兒女，或是朋友與朋友之間各種角色關係裡的情感，我們都體驗過深愛和怨怒，都有過欣喜若狂和痛徹心扉的時刻。

在回答前一章有關情感／人際關係的問題時，你可能會發現有些反覆出現的關係模式令你難受，而你想要改變。

如果你還沒完成前一章的內心探索，我強烈建議你先做完第96頁起的問題，再開始進行下一章的練習。

前世紀錄也會揭露前世關係的情緒模式如何影響你對自己和他人的看法。

改寫愛的紀錄

我有位個案因為長期被父母虐待，長大後自我價值感低落。她對自我價值的懷疑造成她害羞、不與人交往，幾乎沒談過戀愛。我們發現她的前世也有過類似經驗。這樣的經驗主導了她現世的情緒和她對自己的看法。

她後來成功改寫了她的今生與前世紀錄，並使用書裡的肯定語和其他練習改變她對自己和生命的看法。經過了一段時間，現在的她不僅有美滿的婚姻，還有一個漂亮的女兒。

你的阿卡西紀錄揭露出前世事件如何影響你今生的感情、身體狀況與情緒感受，你因此可以改變你不想要的過往模式，重拾你的靈魂力量。

事實上，如果你希望自己能更堅強，更能為自己發聲並受到尊重；如果你想自己更有自主性、活得更自由，或甚至只是擁有更多的平靜，或對生活有更多的熱情，當你學會如何改寫過去的紀錄，並選擇在現在就創造有力量的紀錄時，上述的目標都能達成。

業的積累

每一次的人世都會為我們帶來多樣的體驗，這些經驗幫助我們在情緒上成長和掌控自我。每個靈魂透過這樣的過程學習、進化，並帶著自己的特定目標前進。我們所學到的經驗為我們提供了靈魂路線的參考，指引我們人生的方向。然而，經過了累世的輪迴，我們的意識會變得愈來愈複雜，我們的反應也受到愈來愈多因素的影響。

探索前世紀錄的目的之一正是要撥開這團迷霧，發現我們靈魂的真相，撫平過去的創傷或克服現世的困難——不僅為自己，也為別人。事實上，我們的靈魂希望我們把焦點放在現世的模式。每當我們持續處在不健康的環境並表現出負面／不健康的行為或反應時，就表示我們有需要向前世學習和探究課題的地方，我們需要鼓起勇氣、重拾力量來擺脫負面循環。因此，探究是哪類原因使我們一再面臨同樣的業力回返會很有幫助。

三個主要業因

你的靈魂之所以選擇投胎人世，其中一個原因是想體驗生命的樂趣。人世有許多可以看、可以聽和感受的美好事物，靈魂因此受到吸引，來到人世品嚐甜美與苦澀等各種酸甜苦辣的滋味。事實上，你的靈魂渴望冒險，因此它願意體驗宇宙所提供的形形色色的事物與能量。

但除了單純的體驗之外，你的靈魂也知道每次轉世都會帶來學習和成長的機會。從靈魂的觀點來看，我們遇到的困難是一次次的機會，使我們得以深入了解宇宙的真相，並與我們的永恆身分有更深的連結。

這些學習和成長的機會以三種主要的業因形式出現：**重複**、**補償**與**報應**。這三種業因事實上強大到足以決定我們的命運，只是我們往往沒有察覺。而阿卡西紀錄不僅能揭露其中的影響，也能讓我們知道該如何改變不想要的模式。

1. 重複的業力

靈魂轉世的部分原因既是為了體驗人世的歡樂，它自然渴望再次享受令人愉悅的事物，包括愛情、性愛、音樂、食物、藝術、運動賽事和其他各種感官享受，也因此我們會一而再、再而三地回到人世重溫這些樂趣。

然而，當重複的渴望變成一種執著時，它就會成為我們藉以學習和成長的機會。我們所喜愛的事物（譬如人、美酒、食物、性、賭博或其他活動）原本對我們可能只是一種樂趣，但如果日益沈迷，就會變成有害身心的上癮行為。

事實上，許多現世的成癮現象是基於一再重複的前世經驗。阿卡西紀錄就揭露了當我們喜愛某個事物或某人帶給我們的感受時，我們往往會將「這個人或這個東西讓我感到快樂」的感受寫入紀錄裡。這個認定會驅動我們的人生，縱使這些事物帶來的快樂並不長久，而且這樣的執迷事實上只會造成不幸與痛苦。

舉例來說，有個人很喜歡喝酒，雖然他一開始喝得很有節制，久而久之，他可能會逐漸上癮而無法自拔。尤其是如果他之前有許多世都曾經嗜酒，他這生就更容易上癮。即使他在某些前世能夠自我克制，但這樣的經驗一再重複和累積後，他很可能會越來越依賴酒精，這會使他的靈魂選擇這世來學習平衡和「自我克制」的課題。

我們也可能基於某種難以抗拒的因素，在今生重複令人不怎麼愉悅的經驗。

學習愛自己

我有位個案這生總是努力討好別人，把別人的事情擺在第一位。她不但犧牲自己的閒暇時間，令自己不快樂，最後甚至犧牲了健康。我們發現這樣的模式早已存在於她的前世紀錄。雖然這個模式對她有害，但她仍舊一世又一世地重複。靈魂對她這世的意圖很明顯，就是要她學習優先照顧自己並肯定自我價值，從此釋放不健康的模式。

她努力練習改寫自己的前世紀錄（第139頁），鼓起勇氣將自己放在第一位，並在人際關係設下界限。雖然人們對她的轉變感到訝異，但她很喜歡現在的自己。她知道，她也因此改變了她的未來紀錄。

業力模式的主要目的是要你停止重複那些不健康、具破壞性，以及無法認知和體現你靈魂價值的行為模式。請記得：

重複的業力是被熟悉感和渴望所驅動，即使你所熟悉或渴望的事物對你並沒有益處。如果某件事無法體現你的價值，無法榮耀你，現在是把它放下的時候了。當你能持續做出尊重和榮耀自我價值的選擇和行動，你的靈魂在經過累世的學習後，將更快速地走向喜樂的開悟。那是它最渴望達到的目標。

2. 業力補償

當我們在前世對所經歷的極端境遇過度反應，就會發生補償性的業力現象。困境、損失或任何的長期問題都可能使人想移往相反的方向。這樣的渴望會留在我們的前世紀錄，使我們在來世擺盪到另一個極端。

就如重複的作用，許多成癮行為是出於補償性的心理，只是匱乏的事物或原因各不相同。舉例來說，如果你在前世經常挨餓，你這輩子可能會經常大吃大喝。如果你前世常感到孤獨並渴望愛情，你這輩子可能會有許多段感情，甚或性濫交的情形。

糟糕的工作運

我有位個案曾經一直找不到工作，就算有了工作也做不久。她求職時總是四處碰壁，好不容易找到，往往又丟了工作。我們探究她的阿卡西紀錄時，發現她有一世是男性，為了養活他的大家庭，他必須兼三、四份工作才能讓兒女免於挨餓。到後來，他不僅精疲力竭，心中也充滿怨恨，因為他根本沒有時間和家人相處。他的腦海經常浮現這樣的念頭：「我真希望我不必這麼努力工作！」結果他不想工作的強烈渴望便在這輩子以這樣的方式實現。

任何持續的渴望都可能帶引一個人體驗到補償性的一世。事實上，一世又一世地在兩個極端間擺盪是常見的情形。因此請務必覺察自己對現在的經歷所抱持的態度。

假設你因為前世挨餓的補償心態而在這世有體重過重的問題，如果你對自己的身材是抱批判的想法，而且很渴望變瘦，你很可能會回來體驗所謂補償作用的一世，而在那一世的你可能會厭食，也或許因為貧困而買不起食物。

關於業力補償，請記得：

任何極端的不平衡都會引領到補償性的一世。因此，讓生活各方面都能保持平衡就顯得份外重要，這包括了你的想法、行為和每天所做的選擇。

當你可以選擇要專注在渴求和匱乏，或專注在價值和感恩時，**選擇感恩**永遠都會為你寫下更好的阿卡西紀錄，並因此有更好的業果。

3. 業力的「報應」

「報應」一詞聽起來可能像是某種宇宙的報復，其實並非如此。它純粹是你自己的能量回到你身上，是你的靈魂選擇要體驗你前世加諸於他人身上的種種。換言之，如果你前世傷害了某人，你可能會選擇在這一世接受來自那個靈魂的同樣對待。這不是因為你做錯事而被懲罰，而是你的靈魂希望你能知道那樣的經驗是什麼感受。

事實上，我們會一而再、再而三地和同樣一群人進行這個聽起來挺奇怪的「角色反轉」，讓對方體驗類似能量，只不過角色對調。這種情況最常發生在愛情和親子關係，但也會發生在其他像是同事或朋友的關係。

虐待自己的孩子——傷害他們的自尊，讓他們沒有安全感或感到沒有力量——是很深的業因。被這樣對待的孩子，往往會以不滿和巨大的憤怒回應。怨恨與虐待在能量上都是使靈魂下輩子一起回來繼續重複前世角色，或角色對調以平衡業力的原因。

情侶或夫妻關係也是如此。兩個人在一起時原該相親相愛，但批判、敵意或粗暴的對待會寫下很負面的紀錄。受虐的那方可能會希望得到他/她之前不曾得到的愛而選擇與對方再度成為情侶或夫妻。情況也可能是角色和關係的主控權互換。

業力的「報應」不僅發生在這類親近和親密的關係，你對其他人和群體的態度也會產生這類的能量回返。虐待、論斷，或是對他人懷有偏見，這些負面能量都會寫在阿卡西紀錄，日後也將回返你自己身上。

如果你看不起那些你認為教育程度比你低，地位或身價不如你的人（無論基於什麼原因），這樣的心態會寫進你的未來人世紀錄，為你的來世情境設下舞台，使你體驗身為你偏見看待的那種人的生活境遇和感受。當說到業，你務必要了解這個有關業的能量事實：你將體驗到自己偏見和論斷的情境。

當你對他人懷有偏見，你很容易就忽視了他們靈魂的價值，他們永恆身分的神聖本質。你的靈魂想要看見每一個人(包括你自己)的內在神性與價值。這是你的靈魂意圖。事實是，我們都共享美好的神性傳承，我們來自同樣的源頭，來自充滿了愛的聖靈。無論在哪一世，無論我們投生的身分，我們與聖靈的連結都是我們最美好的禮物，也是我們最高的振頻。

無論在哪一種關係裡——你和自己、他人或整個世界——請記得，無論你是對你的配偶說了什麼，或是你對別的種族和文化的想法，這些言語和想法都會存在於你的阿卡西紀錄：

你今生如何對待和看待他人，你在來世也會被那樣對待和看待。

翻轉人生

我有個個案透過接下來的練習，明白了自己為何總是逆來順受，以及她先生為什麼對她那麼敵視。當她翻開阿卡西紀錄的書頁，她看到有一世她經常辱罵對方，對他語帶貶損。她意識到這世是報應的一世；她的靈魂希望她體會被人那樣對待的感受。

她學到了課題，決心再也不那樣對待別人。她也發現她的前世關係模式若不是冷漠，就是大吼大叫。因此她決定以溫柔堅定的態度面對她先生，要求他給予她應得的尊重。當她終於能不卑不亢地說出自己的心聲，而非和他冷戰時，她知道自己已扭轉了業的能量。

練習：在你的阿卡西紀錄裡尋找業因

接下來的練習會引領你到你的「阿卡西紀錄殿堂」。為了達到最理想的效果，請先想好你想探究的問題。一次只探究一個問題。決定後，想想措詞。譬如說，你可以問：「我為什麼會有酒癮？最初的原因是什麼？」或者：「我為什麼會有懼高症？」想好題目後，請依照下面的步驟，打開心，接收來自前世事件的資料，它會指引出你這世問題的起因。

1. 深吸一口氣，放鬆手臂、背部和腿部的肌肉。放空所有思緒，只要在心裡想著你要問的問題。
2. 再深吸一口氣。當你感覺自己更放鬆時，讓你的意識緩緩飄移到你的心輪。
3. 繼續放鬆。你現在看到你的心輪散發出一片柔和的光芒，你的內心感到非常平靜。你注意到前方有個莊嚴堂皇的建築，門的上方有塊牌子，上面寫著：「阿卡西紀錄殿堂」。
4. 你走進這座建築物，環顧四處，看到四面都是高大的書架，在中央有一張很高的木頭桌子或講台，上面放著一本很精美的大書。
5. 你走到這張桌子前，看著那本書。你看到它的封面寫著你的名字，上面還有「我的個人紀錄」的字樣。
6. 這就是你的永恆生命的紀錄，它涵蓋了你曾有過的一切想法和感受，以及你所經歷的所有事件。你以感謝的心平靜地看著這本書，知道你那充滿智慧與力量的永恆自我會透過這本書帶來你需要的資料。
7. 現在，請想著你想知道的問題，然後平靜放鬆地提問。你發現那本書自動開啟，並且翻到寫著答案的那一頁。

8. 你看到翻開的頁面上寫著一些字，也或許是出現動態的影像。你會以你感覺最自然的方式觀看或感受到。無論是文字或影像，你都可以從中找到問題的答案。你看到的可能是某個事件的完整影像或文字說明。請花點時間觀看內容。你也可能只看到片段的資料。請放心，過段時間，你一定會接收到更多的資料。

9. 你現在看到書上的文字或影像變得愈來愈模糊，但你注意到書頁又開始自動翻動，它將要告訴你，你的問題是哪類業因。當書本再次停在某個頁面時，你會看到上面寫著「重複」、「補償」或「報應」的字樣。

10. 現在，書本攤開了，看看上面的字。不要去分析，也不要擔憂，只要接收並接受這個訊息就好了。你也許本能地知道它所代表的意思，也可能要過段時間才會有更深的了解。

11. 你現在已經收到最後的訊息，你可以把問題放下了。你知道你隨時都可以回到這個「阿卡西紀錄殿堂」。你的個人紀錄一直會在這裡，隨時準備提供你所需的資料和指引。

12. 現在，活動一下身體，帶著那些資料以及平靜的心與智慧，回到你所在的時空。

這個練習的目的是讓你知道你的問題是哪類業因造成。我在下一章將提供更多的技巧，幫助你改變你不想要的行為或關係模式。阿卡西紀錄的美妙之處就在於它具有所有你需要的資訊，無論你遇到什麼問題，只要跟前世有關，你都能從阿卡西紀錄確定原因、找到答案，並了解你該做出的改變。

＊　＊　＊

縱使你對過去不感興趣，只想把握今生採取行動，你也可以從阿卡西紀錄得到指引。請記得：**你是充滿力量的生命，你擁有源自內在神性的智慧**。你所尋求的解答全都在這份永恆的紀錄以及你不朽的靈魂裡。請敞開心靈，發掘其中蘊含的無數可能，並迎接你的靈魂即將帶給你的許多驚喜。

摘要

- 你的阿卡西紀錄會對你這一世造成影響。你在每一生的業都被記錄下來，阿卡西紀錄揭露你的能量模式、思考模式，以及你對待自己和他人的模式。
- 業不是懲罰，而是靈魂學習、進化、分享及成長的過程。
- 一個經驗所引發的情緒愈是強烈，它對你的想法、行為、感受、財務、事業和人際關係所造成的影響就愈大。
- 我們在每一世都會經歷許許多多的事情。這些經驗讓我們的心靈得以成長，並使我們學會掌控自己的人生。
- 業的形式分為三種：「重複」、「補償」與「報應」。

第六章

改變過去就能改變一切

我們在探索「前世紀錄」時往往發現的是自己在前世所經歷的困境和難題，因為那正是我們被呼喚要去療癒和改變的問題。每個人都有過許多人世，有過許多充滿歡樂的前世時光，我們需要去重寫的是那些有問題的過往，為的是擺脫它們在今生對我們的負面影響。

無論你現在正經歷什麼，境遇如何，你的永恆自我都能移除那些源於前世的情緒障礙。一旦你瞭解了問題根源，你有完全的自由可以重整人生方向。你不用改變過往的每一件事，只要透過改寫主要事件，你就能療癒問題並反轉你不想要的模式，即使那些模式已經持續了好幾世。

雖然有些模式需要較長的時間反轉，但過去、現在與未來往往能在短瞬間就有了變化。這個強大的轉變能夠重新引導你這世的能量並進而產生理想的結果。只要你下定決心改變並採取行動，隨著每一次的決心，你會愈來愈不被過去的問題和情緒所困擾，也會感到自己愈來愈有力量。這個過程不但很有啟發性，還會帶給你自由，因此能從根本上改變你的人生。

如何改寫前世紀錄

請靜下心，回顧你的一生。想想有哪些模式是你想要改變的？你覺得你在重複某個模式或彌補所欠缺的某樣東西嗎？老舊阻塞的能量會使生命力的流動受阻，形成你在追求財富、愛情、健康，乃至創意時的障礙。但當你改寫了仍在紀錄裡振動的前世能量、感受和想法，重大改變就會發生，現有的障礙將被移除。

你的意識創造了你的阿卡西紀錄和實相（也就是你的現實生活）。當你清除來自前世紀錄那些未知卻具影響力的經驗，你就轉變了你的意識，而其他事物也會開始隨之改變。

由於所有的時間都在同時間振動（只是以不同的速率），因此要檢視過往紀錄，觀看前世發生過的重大事件並不困難。然而，要記得的是，每次觀看都要專注在目前要處理的問題根源。當你看到問題的起源事件，你就能改寫紀錄裡的經驗和你因此經驗而有的感受與想法。透過改變紀錄，你釋放了那個事件，不再受到影響。此外，你可以使用肯定語來支持和深化你想要的改變，並且下決心活出你新改寫的紀錄裡那個自主和充滿能量的生活。

在這個過程當中，你在日常生活務必要**有意識地落實改變**。剛開始你可能會覺得困難，因為要改變自己已經習慣的模式確實不容易。你可能會感到害怕、沮喪，不想脫離舊模式，因為那些模式雖然妨礙你達成目標，卻是你所熟悉、令你感到安全的模式。無論如何，你確實有能力擺脫它們，並且將力量與信心帶入你現在的生活。

改變現在、踏出下一步、往前邁向不可知的未來，這些都需要勇氣。而改寫前世紀錄對於這個過程將有很大的幫助。當你知道了「過去」與「現在」同時存在，明白因與果的同時性，你就知道你可以回顧並改變過往。而且，在你改變過去的那一刻，你同時也改變了未來。

每一個時刻——過去、現在和未來——都蘊含了無限的可能性，而你有能力改變生命中的每一個面向，在每個領域寫下新的紀錄。

做好觀看前世紀錄的準備

本章提供兩種不同的冥想，目的都在幫助你回顧前世並改寫當時的紀錄。透過第一種冥想，你觀看想要探究的前世問題，畫面會從問題根源（導致你目前問題的那個前世事件）的前一小段時間開始。雖然「回溯」可能是目前最普遍用來探究前世的技巧，「觀看前世紀錄」也同樣很有幫助，因為你能同時意識到今生的性格和前世的身份，也能把前世的經驗跟目前的境遇連結。那種感覺就像觀看一場你參與演出的電影。你知道你當時的身分，也了解事件的細節以及你那時的想法和感受。

請以你覺得最自在的方式觀看你的前世紀錄。雖然你看到的只是那一世某個特定事件的片段，但你能夠感受到、察覺或憶起導致那個事件的相關種種，你也能認出這世在你周遭的人的身分（如果有前世關聯的話）。你會知道他們在那世跟你的關係。

當你看完要探索的問題起源事件後，你可以留在那一世繼續觀看後來的發展。這對你改寫紀錄會很有幫助。舉例來說，如果你在那一世遭到暴徒攻擊，財物被洗劫，當你觀看這個事件的後續發展，你也許會發現你在那次事件中受傷，而這又跟你今生的某個身體問題有關。你也可能發現，在那次事件發生後，你就認為有錢並不安全，而這個信念很可能與這世的貧窮相關。

▼決定探索的焦點

你在這世的金錢問題、疾病、情感／人際關係的挑戰，都可以是你探索的焦點。不過，由於阿卡西紀錄儲存了你前世**所有**的資料，因此最好的做法是一次選定一個問題，然後帶著得到療癒的意圖觀看。以下是決定探索焦點時的一些參考。

反應模式

情緒「反應模式」就是你在日常生活中每隔一段時間就會重複發生的情緒，例如焦慮、畏縮、自卑或感覺不如人、總是擔心或害怕、沮喪或絕望等等。這類情緒都可透過探討前世紀錄來找到源由。

不健康的行為

你是否經常做一些對自己有害或無法體現內在價值的活動？從酗酒或吸毒等上癮行為，以至不停地工作等等都屬於此類行為。任何的行為模式都可能源自前世經驗。找到行為模式的源頭並清除它在前世紀錄裡的相關能量，會使你更容易在現實生活中改變這些模式。

過度依附

這個模式會表現在上癮行為，或是對某人、某地，也或者是某個經驗的執著。如果這樣的執著變得不健康，透過探索前世紀錄找出原因就格外重要。身處某種不健康的關係卻一直走不出來，也是「過度依附」的一種模式。

▼情感／人際關係方面的問題

如果你想療癒情感／人際關係的問題，改寫前世紀錄會是很有效的方法。常見的此類問題包括：

- 總是愛上已有伴侶，或挑剔、輕視你的人
- 在伴侶關係中不被尊重，卻離不開對方
- 放不下往日的戀情或憧憬／渴慕
- 總是和同事處不好
- 在家中總是不受重視、被傷害甚至被虐；感覺孤單、孤立。
- 缺少愛

你有能力改寫前世的關係紀錄，並給予自己所需的力量與智慧，改變你今生的情感與關係經驗的能量。

責任感的源由

個案瑪莉之所以想了解前世紀錄，是為了找到能帶給她力量和真愛的關係。她和她先生的感情冷淡，兩人雖然住在一起，卻是名存實亡。她是一個盡責的家庭主婦，每天煮飯、清掃、打點各種家務，非常辛苦。但她先生對她所做的一切從未表達感謝。雖然他曾經暗示他需要她。

瑪莉很氣餒，好幾次想離開，但他卻總是讓她感到內疚，因此最終還是留了下來。我們在探究她的前世紀錄時，發現她先生曾經有一世是她的兒子。那世她在簡陋的廚房因不慎而造成意外，導致兒子失明，臉部也遭嚴重灼傷。他一直沒有結婚，視力也從未恢復。瑪莉因此覺得她對兒子負有責任。她的前世紀錄有著對他的強烈內疚和責任感。即使到了這世，這些感受仍留存在她的意識裡。阿卡西紀錄裡的她除了自責和內疚，也因為必須日夜照顧兒子感到怨嘆。

瑪莉的靈魂希望她能在這世重拾力量、原諒自己，並放下對他的責任。她這世與他一起是為了解決問題，並改寫一直困住她的前世紀錄。

當瑪莉理解了前世紀錄和她對先生感受的關聯後，她終於明白自己為何一直放不下她先生。她對他不斷要求又不知感謝的態度已感到厭倦，於是她改寫了前世紀錄的事件，清除那次意外並放下內疚與責任感。她觀想她的兒子在那一世健康長大並且自立的情形。她知道，現在是她讓他為自己負責的時候了。

除了改寫前世紀錄，瑪莉也使用肯定語幫助自己放下牽絆，賦予自己力量。過了一段時間，她終於能夠鼓起勇氣，採取她一直以來渴望去做卻又抗拒去做的行動。當她終於離開他時，她告訴我，她感受到前所未有的輕鬆和自由！

觀看前世紀錄的小提示

在觀看前世紀錄時，選擇你想要專注的問題，但不要太在意細節。你將會看到你的「個人紀錄」螢幕播放你想了解的事件起因。

不要過度分析你得到的資料。你可能會很清楚看到或感受到事件中的每一個細節，但也有可能只是一些模糊感受。就算你完全沒有看到或感受到任何事，你的永恆意識也已經接收到一些重要資訊。所以你只要讓這些資料沉澱，然後再重做一次練習。過一段時間，你自然會接收到愈來愈多的資料。

不要因為沒得到足夠資料而認為做的練習沒用，也不要因為所看到事件裡的強烈情緒而受影響。發現自己前世經歷的辛酸細節會是件令人不舒服的事，你所看到的事件可能讓人感傷，而你卻無能為力。但記得，現在的你因為明白了問題源由，因此可以改寫相關紀錄，進而脫離那個經驗對你造成的影響。

如果你從前世紀錄發現自己曾對人不和善或苛刻，尤其如果你傷害的是這生所愛的人，請一定要保持客觀。雖然要做到並不容易，尤其是當做父母的發現自己曾經虐待他們現在非常寶貝的孩子時。但請記得，這些對相關人來說，都是永恆道路上的一小部分經歷。

即使你看到自己前世做了不該做的事，也絕不要因此就論斷自己。要知道，你是那個時代、文化與個人歷史下的產物。如果你做了錯事或心存惡念，或甚至表現殘忍，那都是你在當時的情況下所做的選擇。

因此，原諒自己！觀看前世紀錄的目的是為了瞭解問題，讓自己更有力量。而原諒自己是這個過程中非常重要的一部分。前世的事件無謂好壞，它們只是你永恆歷程的一部分，而你現在的所作所為卻可以改變你的過去和未來，並且決定你的永恆生命的能量。

如果你能以寬容、尊重的態度回應你的課題，榮耀自己真實的力量，那才是你真正的成就。無論你過去做過什麼或沒做什麼，你都要愛自己。你對自己的愛是你這世通往清明、瞭解，以及自由的門戶。

練習：在你的神聖殿堂觀看前世紀錄

這個練習將帶領你前往你的神聖殿堂（參見第72頁），在阿卡西紀錄的螢幕前觀看與你選擇的問題焦點有關的前世事件。只要依照以下步驟進行，打開心，讓自己接收來自螢幕上的任何訊息和你的阿卡西紀錄嚮導所帶來的啟示就可以了。

1. 讓自己放鬆，然後從六數到一。隨著你數著每一個數字，你將會感到愈來愈放鬆，愈來愈放鬆，你會緩緩地飄向你的神聖殿堂，那個令你感到非常自在、平靜，而且有歸屬感的地方。
2. 六……放鬆你的臉部、額頭和眉頭的所有肌肉，讓所有肌肉都變得柔軟鬆弛。放空你的腦袋，讓你的意識慢慢來到你的心輪。五……你的全身愈來愈放鬆……你感覺到自己正飄向那座美麗的「神聖殿堂」。你在那裡將會看到你的前世，你會瞭解並療癒你這一世的問題。四……你感到身體有股暖流流過，你的全身都放鬆了。當數到一的時候，你就會來到你的「神聖殿堂」。你在那裡感到非常平靜、非常自在。三……你的全身都徹底放鬆了。你的心輪充滿平靜詳和的感覺。你期待和你的嚮導連結，觀看前世經歷對你的影響。二……繼續放鬆，你感到非常平靜。你在這整個過程中感覺十分平靜和放鬆。一……你發現自己已經來到美麗的「神聖殿堂」。這是一個非常寧靜的地方。你每次來到這裡總是感覺溫暖、平靜和放鬆。

3. 現在，你會看到或感覺到自己就站在「神聖殿堂」的中央，你看到一旁的房間閃耀著美麗的光芒。你走進去那個房間，看到一個慈愛的靈體站在那兒，可能是位天使，也可能是你的嚮導。這位靈體將帶領你探索你的阿卡西紀錄。

4. 現在，請花一點時間以你的心和你的嚮導連結。此刻，你感到很放鬆，也很安全，而且你知道你將會得到重要的資訊，幫助你清除你不想要的前世紀錄，並因而得到療癒。

5. 你在一張非常柔軟、非常舒適的椅子上坐了下來，感覺就像是坐在雲朵上一樣。

6. 那位嚮導示意你看向對面的牆壁。你看到那裡出現了一面螢幕。那就是你觀看阿卡西紀錄的螢幕。你將看到發生在你某個前世的一個事件。請記得：你的目的是認出和了解你目前的問題源自何處，並看看這段過往是如何影響你現在的生活。當螢幕開始像播放電影般地出現某段影像時，請讓自己接受它帶來的訊息。

7. 觀看時，試著感受事件發生時的環境、年代和當時的情況。

8. 試著感受那段影片裡的你是怎樣的人、遇到了什麼事和你周遭的情況。

9. 平靜客觀地觀察那個事件。注意發生的事以及你的感受。如果你在畫面上看到其他人，請試著了解你和他們之間的關係，了解彼此的關聯以及那件事對你這一世的影響。

10. 現在，請繼續留在那一世，觀看那個事件的後續發展，看看你和那些人後來發生了什麼事。讓影片繼續播放，直到了解那個事件對你在那一世的生活所造成的影響。

11. 試著感受你當時的任何想法或信念。那次經驗使你如何看待自己或他人？覺察它對你當時的自我形象、你的價值和力量的影響。

12. 找出你需要的所有資訊，允許它們自然浮現。當你更清楚了事情的來龍去脈，你會發現你感覺更自在，也更有力量。

13. 問問嚮導是否有什麼要告訴你的資料。這些資料可能以影像、意念、感受、一句話或一個字的形式出現。你只要如實接收就可以了。

14. 收到訊息後，請向嚮導道謝。你知道只要你願意，你隨時可以和你的嚮導見面。

15. 現在，請從一數到三。當數到三時，你會帶著新的理解和改變的決心回到現在的時空。一……你開始回到現在的時空。你愈來愈清楚前世對你的影響。在接下來的日子，你會接收到更多的訊息，你會更明白前世事件和這一世的關聯。二……繼續回到現在的時空……你知道你隨時都可以創造新的實相，寫下新的紀錄。你對前世的新認識給了你在這世重拾力量的勇氣和決心。三……你已經回到現在的時空。在接下來的幾天、幾個星期或幾個月，每當你想要放鬆、與靈體連結，或是從阿卡西紀錄獲取資訊時，你會記得來到你的「神聖殿堂」。

16. 深吸一口氣。慢慢張開你的眼睛，活動一下四肢。把腳平放在地板上，讓自己與大地連結。感受大地的能量正湧入你的雙腳，帶來穩定、健康和快樂的感覺。

這個冥想可以發揮很大的效用。試著做做看。如果你第一次接收到的資料不多，再做一次。記得在床邊放個筆記本，因為一旦展開探索，你很可能會在夢裡接收到更多的資訊。

＊　＊　＊

不再口吃

我曾經有個個案，丹恩。他說話時會口吃，這使得他在職場很難獲得升遷。他想了解這是否跟前世有關，於是他做了上述的練習。結果他在螢幕上看到自己是個身著老式軍服的年輕人。他被敵軍俘虜，而且被一個凶神惡煞般的男子嚴刑拷問。每次他拒絕回答，那個人就會毆打他的嘴。過了幾個小時之後，他的臉已經被打歪，下顎骨也碎裂了，但他自始至終都不肯招供。他的臉和嘴因此嚴重變形，自此就不太能說話。然而，他一直以此自豪，因為他的沈默挽救了許多人的性命。

這個事件顯然對丹恩這生的溝通造成了影響，因為他在那一世曾下決心不開口說話，以免釀成大禍。明白了源由之後，丹恩用接下來的方法改寫了他的前世紀錄，以及他當時的想法和感受。

準備改寫前世紀錄

第二個冥想是使用之前冥想所得的資料，改寫舊紀錄並釋放相關能量。你能夠改寫那個單一事件的紀錄，甚至它在那一世對你的長期影響。這個程序的目標是要寫下新的紀錄，新的想法和感受，賦予自己力量面對曾令你感覺無力的情境。透過這個做法，你將產生不同的頻率，清除舊有的障礙，並創造新的阿卡西紀錄，使那個事件不再對你的今生造成影響。

這個冥想法很簡單。你會回到你的「神聖殿堂」的螢幕前，重新觀看並改寫那個事件。但這回你有力量，你能夠掌控。你觀想那個事件有不同的結果，一個能夠給你力量與支持的經過。

你甚至可以把事件轉變為跟當初非常不同，是一個帶給你滿足和快樂的正面經驗，使你的新紀錄充滿你的個人力量。舉例來說，如果你看到你在孩童時期受虐或被傷害，你可以觀想自己突然變得很高大並掌控當時的局面，你告訴對方他們再也不會想那樣對待你或傷害你，而他們也同意。

接下來，花點時間體驗並享受那個結果帶給你的新感受。你現在對那個事件已經有了不一樣的看法，也感覺自己更有力量、更能肯定自我價值並且有能力解決問題。讓這些正面感受和信念成為你寫下的新紀錄。你也可以在重寫紀錄時使用像是：「我很強大，也有能力實現自我」、「我有能力處理任何情況」、「我是有價值的，我值得別人的愛與尊重」等肯定語。

接著，務必花點時間觀看那個事件的後續發展。觀想你看到的自己是自主、快樂且充滿力量，看到自己後來在那一世過著健康、富足和長壽的生活。

你可以有很多不同的方式來改寫前世紀錄。舉個例子，如果你看到自己被人從背後推落懸崖，你可以轉身叫那個人不要傷害你，並觀想那個人聽了你的話之後就離開了。你也可以想像你及時閃到一旁。或者，你也可以想像你在事情發生前和那個人見面，找出你們的糾紛根源，並且順利解決了問題。

無論你是如何扭轉局面，目的都是在幫助你**取回自己的力量**。這個過程的目標是把一直與你同在的高我品質，你的神性本質帶入那個經驗。換言之，在那個事件展現屬於你的高我／你的神性的特質。如果你能和你的永恆智慧、恩典、勇氣、平靜與力量連結，你不僅可以改變自己，也可以改變那個經驗的能量。

你可以使用這個技巧來改寫你透過各種方式（不論是前世回溯、他人的解讀或自己觀看前世紀錄，甚至夢境或其他方法）得知的前世經歷，你也可以改寫在這世的任何經驗。然而，如果你在這世曾經歷重大創傷，你可能需要多做幾次這個改寫的程序並且繼續使用特定的肯定語句。改變一定會發生，只要你採取行動改寫紀錄！

透過改寫過去，你清除了恐懼和無力感的舊紀錄，也逐漸減弱相關感受和因此而生的負面想法。這不僅能夠改變你的認知，也可以提醒你一個事實：你永遠能做出不一樣的選擇。從此，你將能以嶄新的個人和心靈力量來面對今生與來世所有的選擇、經驗與情感／人際關係。

練習：在你的神聖殿堂改寫前世紀錄

你現在將回到你的「神聖殿堂」再次觀看前世的那個事件，但這次，你能夠看到情節依照你所希望的發展，它的結果會使你更有力量、對你更有益。

因此，先想好一個新情節，想想怎樣的行為會使你更有力量、更能體現自我的價值。你會希望那個事件如何發展以便創造一個美好結局？

請放輕鬆，因為你將寫下一個充滿力量、光明與喜悅的新紀錄。

1. 讓自己放鬆，深吸一口氣，然後從六數到一。數著數著，你慢慢飄向那座充滿光與愛的「神聖殿堂」。當數到一時，你就會抵達那座殿堂並看見你的嚮導。你將再次觀看之前看到的那個事件，但這一次，你充滿了力量，你能夠改寫紀錄並主導你要的結果發生。隨著接下來的倒數，你會感覺到自己愈來愈放鬆，愈來愈放鬆。

2. 六……放鬆你的全身。放鬆你的手臂和腿部的所有肌肉，拋開所有念頭，慢慢讓你的意識飄移到你的心輪。

3. 五……讓自己更放鬆……當數到一時，你將會抵達你的「神聖殿堂」，改寫那個事件並創造不一樣的結局。

4. 四……你可以告訴事件裡的人物應該如何對待你。你可以依心意改變其中任何部分。你現在握有主導權。

5. 三……現在你的全身都放鬆了，你正安穩地朝向你的「神聖殿堂」行進。現在，你有力量，你有主導權。

6. 二……當數到一的時候，你將可以重新引導那個事件的發展，你賦予自己力量，讓事件有更快樂的結果，並留下對你更有助益的紀錄。

7. 一……保持平靜和放鬆。現在你已經來到那座美麗的「神聖殿堂」。你的嚮導正在你身邊，示意你觀看那面螢幕。你看到上面顯示你之前看到的事件。但這一次，你有能力依照自己的心意改變其中的情節。這一次，事件裡的人將以不同的方式對待你，你也將以不同的方式回應。請花點時間考慮你所有的選項，再決定你要如何進行。現在，你看到事件情節在你的主導下有了變化。

8. 它正朝著使你更有力量、更能體現和榮耀你的價值的方向發展。此刻，你感覺自己很強大，對新的發展也很滿意。你覺得自己充滿了力量。

9. 想像自己再度置身於那個情境，但這一回，事情有了美好的結果。你現在知道你有力量可以改變事情，寫下新的紀錄。當你觀想著自己享受這個美好和正面的結果時，你的臉上泛起微笑。此時此刻，你感覺自己充滿了力量，而且非常快樂。

10. 現在，花點時間觀看事件的後續發展。你看到自己後來過著健康、快樂和富足的生活。你充滿力量、而且能夠主宰自己的命運。你正體驗著所有你渴望的喜悅與成就。

11. 現在，花點時間建立一個新信念。**你確實擁有力量。你很平和也很平靜。你是個有價值的人，你可以掌握自己的命運，你是快樂和自由的。**肯定這些事實並將它們寫進你的紀錄。你現在體驗到那個新結局所帶來的種種美好感受。

12. **你是有價值的。你具有強大的力量。你值得一切美好的事物。你能夠決定自己人生的方向。**這一切都被寫入了你的意識，寫入了你的細胞和你的永恆紀錄裡。現在，請讓自己好好感受這些正面能量。

13. 你開始回到現在的時空，而且也把那些美好的感受和力量一起帶回來。

14. 現在，請從一數到三。當數到一時，你將帶著新的前世紀錄以及新的信念回到現在的時空。你感覺你的傷痛已經得到療癒，你感到完整、健康和煥然一新，你的內心充滿了力量和平靜。

15. 一……帶著珍愛自己的美好信念，你正回到現在的時空。你知道這個信念已經進入你的意識和你的永恆紀錄。你已經擺脫了前世那個事件對你的負面影響，並且使你的個人紀錄充滿力量與喜悅。

16. 二……回到現在的時空……無論你之前看到了什麼或是沒看到什麼，你的永恆意識都已經有了很大的變化。你已經改寫你的前世紀錄，重塑了一個新的實相，而且你知道你能夠在現世生活的任何情況創造出同樣的力量和改變。

17. 三……在未來的幾天、幾個星期或幾個月裡，你將接收到更多與這些改變有關的訊息和啟發，而且你將愈來愈深刻地感受到自己的力量。

18. 你已經回到現在的時空。你可以活動一下四肢，做幾次深呼吸。慢慢張開你的眼睛，回想剛才的一切。你已經寫下了新的個人紀錄，清除了過往的負面能量。現在的你不僅能夠愛自己、為自己作主，也能深刻感受到來自你永恆靈魂的力量。

＊　＊　＊

丹恩曾經使用上述方法改寫他的前世紀錄，改變了與他口吃有關的能量與想法。當他看著那面螢幕時，他重新觀想他那一世並未被敵軍俘虜，在戰爭中也沒有受傷，他看到自己後來過著健康快樂的生活，並在各種情況下都能自在地與人溝通。

此外，他也開始唸誦下列的肯定語句來強化自己的信念。他並學著讓自己放輕鬆，不去在意目前在表達上的障礙。他這時才意識到他之前對這件事有多麼焦慮。要克服障礙需要勇氣與決心，但他已經知道這個問題是由前世創傷所造成，而他無須再受到影響。

經過一段時間的努力後，他終於成功克服困擾他已久的口吃，能夠流利自在地和別人溝通了。

清除前世紀錄並讓自己充滿力量的肯定語句

無論你想改變的是前世或今生的情況，專心唸肯定語句會強化你的意圖。但除此之外，你也要採取符合新的思考方式的行動來深化你的新信念與感受。你可以使用下面的肯定語，也可以自己寫適合的語句。在唸誦時，默想它們的涵意，並感受它們帶給你的正面情緒與能量。

有助清除前世紀錄的肯定語句

- 我釋放所有來自前世經驗的負面能量。

■ 我放下因為那些經驗而有的任何有害或破壞個人價值的結論。

■ 我釋放那些事件帶給我的無力感或其他不愉快的感受。

■ 我有自由意志，我能夠自己做出決定。我不需要重蹈往日的行為模式。我釋放那些模式，不再受它們左右。

■ 我放下內心可能殘存的任何有害情緒與想法。

■ 我放下所有從前世帶來會對健康和生活造成的負面影響。

■ 我釋放對過去或現在的任何人物、習性和情境的不健康依附或執著。

■ 我祝福前世的一切，並且從此放下。我是自由的。現在的我不受過去的制約。

■ 我的身體和心靈不再被過往任何的不平衡或是錯誤資訊所影響。我活出自己的力量和永恆的真相，我知道我的靈魂是永恆的生命。

賦予力量的肯定語句

■ 我打開心接受我的靈魂所具有的能力；我是平靜和有力量的，我充分認識自己的價值。

■ 我的身體健康，充滿活力與能量，並與大地連結。神性意識充滿我的每一個細胞。

- 我敞開心靈與靈魂建立更深的連結。我一天比一天更了解自己的神聖源頭和神性的身分與本質。
- 我打開心接受我的靈魂所具有的能力；我能夠吸引愛並且維繫關係。我能創造成功的事業，實現抱負。
- 我原諒所有的業債，也祈望所有我欠別人的業債被寬恕。
- 我的思想健康正面，我能做出理想的選擇。從今起，我與自己跟他人建立的是能夠體現和尊重自我價值的關係。
- 我可以很安全自在地（請陳述自己的目標，譬如：）自我表達、說出內心話、療癒、去愛、被愛、信任他人、與靈體連結等等。
- 我無論在什麼情況都能夠自由且充分地表現自己的力量、表達自我價值與真相。
- 我的永恆生命裡的神聖能量在幫助我釋放過去，療癒現在，並祝福未來。
- 從現在起，我選擇自由和自我賦權。我每一天都更瞭解生命的真相、更清楚自己的目標，我過得更富足，生活裡更有愛。
- 我願意做出我的靈魂所期望的改變。我的心平靜安寧，因為我知道靈魂不朽，我知道我是受到祝福的。

你可以透過上述的肯定語在你的阿卡西紀錄寫下新的真相，並幫助自己把能量上的改變落實在日常生活裡。這對學習這些課題並徹底清除前世紀錄裡的不良模式是重要關鍵。除了肯定語句，還有很多方法可以幫助你把你的新紀錄和信念落實地應用在日常生活。

將新模式落實在日常生活

一旦你探索並改寫了你的阿卡西紀錄，你就有機會完全重新定義自己和你的人生。你完全不需要改寫每一個紀錄前世事件，只要你學到其中的課題，你的新意識／覺知——連同新的想法與行為——就能將業由阿卡西紀錄拭除。因此，為了清除任何殘存的負面能量，當你在做出決定和與自己對話的時候，落實這些改變，活出你的新信念就變得非常重要。你絕對做得到。你有改變的力量。現在是相信自己並活出你的力量的時候了。

舉例來說，如果你前世委曲求全、總是順從他人，從不把自己放在第一位。當你改寫前世紀錄之後，你的靈魂會希望你從此能優先照顧自己。如果你之前在改寫紀錄時，觀想你為自己發聲、不受人左右並以自己為先，那麼你現在也要以這樣的態度生活。

剛一開始，你可能會有些害怕和感覺不習慣。畢竟長久以來，甚至可能已經有好幾世，你已經習慣了那樣的模式，你因此會抗拒改變。然而，你之所以要清除前世或今生的不健康模式，為的就是要提升你永恆的生命能量，達到你的靈魂期望你達到的平靜和開悟。

你的確具有內在力量能夠改變想法與行為，你也有能力採取行動並保持樂觀。這些都是你在寫下現在紀錄時的選擇。要知道，無論在什麼時刻，你都能在你的紀錄寫下「喜悅」和「價值」。這會是你在創造你的阿卡西紀錄時最重要的工作。

摘要

- 當觀看前世紀錄時，把探索重點放在你今生想要改變的模式或問題上。
- 透過改寫前世某個事件的紀錄，你可以創造出不同的能量、清除舊有障礙，並寫下能使你在今生更快樂的新紀錄。
- 經常唸誦肯定語能夠幫助你釋放過往，並為現在和未來設定新目標。
- 將所學到的前世課題落實在這世的生活不僅可以改變舊業力，也可以為你的現在及未來寫下尊重自我和自我賦權的正面紀錄。

PART III

一個充滿資訊與機會的宇宙

「如果你想發現宇宙的奧祕，
就要從能量、頻率與振動的角度思考。」
——知名科學家尼古拉・特斯拉（Nikola Tesla）

第七章 當下的力量

你無時無刻不在把你的資訊與能量寫入你個人的阿卡西紀錄。你在每一個當下的想法、行為和情緒都會被寫進你的生命紀錄裡。有人說你要為自己的每一個決定負起全責，然而這個說法往往有很強烈的懲罰意味，像是我們將被審判，為自己做錯的事受罰，但這與事實並不相符。因為事實上，我們是要向我們的靈魂意圖負責，而不是某個宇宙法庭。

你的個人能量、意識和你所做的選擇，決定了你的學習路徑與課題。你的靈魂想要你到達更高的振動層級，它希望你過著自我覺察、榮耀自我和開悟的生活。你個人的阿卡西紀錄的主要作用之一就是讓你能立志於更崇高的目標、療癒過往，並創造渴望的未來，但最重要的是，對於你在今生要留下的紀錄做出更好的選擇。

事實上，無論你想達成的是靈性、個人或事業上的成長，當下此刻就是你採取行動的最佳時機，也是唯一的時機。你的阿卡西紀錄裡有你所需的各方面指引。

你無時無刻不在撰寫紀錄和創造能量。每一刻你的意識都在參與，即使你沒有察覺。你永遠可以掌握每一個當下的力量，選擇自己在當下要寫下的紀錄。

阿卡西紀錄存在於自然法則

我教導「顯化」和「宇宙法則」的原理已經超過二十年了。我一直深信我們的能量與意識具有強大的創造力。而直到開始探索阿卡西紀錄之後，我更加意識到我們在生活中每一個當下所能發揮的創造力有多大。因此，我們實在要好好思考我們的能量與意識在寫下怎樣的紀錄。

這個概念並不虛幻抽象，它清楚說明我們現在的頻率以能量的方式被紀錄在阿卡西場域。這個紀錄透露出我們是怎樣的人，我們的因與果，以及將來可能的際遇。了解了這點，我們便會努力讓自己保持意識清明、心情平靜喜悅，並且自我掌控。當我們了解到**我們每一刻都在撰寫個人的阿卡西紀錄**，我們要提醒自己，**我們一直都有顯化、影**

響和創造的力量。

你的意識建構你的紀錄與實相。

你的意識是這世上的一股力量，因此你本身也是股強大的力量。儘管如此，很少人會去花時間觀察自己每天的意識或思緒。大多數人都認為他們的生活是由一連串他們不得不應付的偶發事件所組成。事實上，那些事件當中有許多是他們的意識進入宇宙所創造出來的。

你的生活重心、你每天所期待的事，乃至你最常想到的事情——這些都顯示了你的意識方向和你寫下的紀錄。如果你總把注意力焦點放在不順心的事物上，它會進入你的意識與「個人紀錄」。如果你想的是自己所欠缺的（譬如預期自己會窮困、被不當對待或漠視等），這樣的意念也會進入你的「今生紀錄」與意識創造。你的劇本實質上是你自己所編寫出來，但你卻一直納悶為什麼其中盡是你不喜歡的情節。

如果你是把注意力的焦點放在生活中的美好事物，你的意識就會編寫出更多美好的事物讓你體驗。如果你經常為自己所擁有的一切心懷感謝，這樣的意識也會被寫入你的紀錄，而後顯化為更多令你感恩的事物。

因此，每天醒來時，花一點時間預想自己有開心的一天，然後努力讓自己的想法、情緒與經驗都是開心的。

記得，未來充滿無限的可能。如果你今天有意識地寫下喜悅、信任與感恩的紀錄，未來就會收穫和體驗到更多的幸福。畢竟，你的「今生紀錄」是隨著你個人能量的振動而改變，它會朝向各個方向擴展，向宇宙昭告你的自我定義和你對未來的真正期待。

能量的擴張與吸引力

你是能量體，能量的生命體，而且你不斷在創造、傳送並接收這個世界的能量。事實上，你有一個自己的「個人能量場」。這個能量場會向外擴張，與類似共振的人事物頻率連結，最終，它們會被吸引進你的生活，被寫入你的「個人紀錄」並影響你人生的走向。

你持續發送的能量共振主要有兩種。一種是感受的振動，或稱「情緒能量」，另一種則是思想的振動，或稱「認知能量」。這兩種能量緊密交織密不可分，因為你的情緒主要就是因為你的想法而產生。

你的認知一直在向外發送有關你的訊息。自我批判、憂慮和恐懼等念頭是最大的能量破壞者，它們寫下「否定」與「懷疑」的紀錄。這類想法也會令你長期陷入負面情緒的泥淖，污染你的能量場，並使你的現在和未來的紀錄蒙上陰影。

如果你每天愉快開心的生活，你的情緒能量會寫下好紀錄，並預期愈來愈多的喜悅。反之，如果你經常生氣、害怕或恐懼，這些能量會充滿你的今生紀錄，並將類似能量帶到未來。若任由這類情緒持續下去，它們會在你的今生寫下深沈的哀傷或沮喪，並使你的未來黯淡無望。

但是，**你絕對有能力扭轉你目前的經驗並改變你的紀錄**。事實是：你的情緒狀態和品質決定於你，而宇宙會回應你的更高意圖和健康的能量選擇。如果你現在在生活和阿卡西紀錄裡建立的是愛、快樂與成功，那麼更多的愛、快樂和成功將回到你的生命。

創造更正面和充滿希望的阿卡西紀錄的關鍵就在於正面看待自己和這個世界。你要放下對自我的懷疑，選擇鼓勵並相信自己，即使一開始你不習慣這麼做。要知道，你值得被自己看重，你是有價值的，如果你不看重自己，你的今生紀錄便欠缺了「愛自己」和「尊重」這兩項要素，這會使得貶低和自我懷疑持續下去。

懷抱希望，樂觀看待未來也很重要。你要為自己做決定並採取行動。看看周遭的世界，有那麼多值得感謝和欣賞的事物。你是有力量的，你有能力設定目標並且實現目標——這才是你真正想要寫下並活出的紀錄。

宇宙是你的朋友，它想成全你的心願。因此，每天都要開心地過，選擇開心面對工作，選擇心平氣和看待周遭人事。感受你的美麗靈魂所散發的愛與光。如果你每天都能設定這樣的意念，你的能量自然會聚焦於此，使你在今生寫下快樂的紀錄並創造出未來的幸福。

設定意圖可以幫助集中能量

你每天的意念都寫在你的今生紀錄裡，有些會榮耀你、對你有益，有些則會使你蒙羞、對你有害。你永遠都有選擇要以怎樣的意念或心情來面對生活中的日常瑣事。你可以漫不經心地用餐，也可以滿懷喜悅地享受食物。你可以心不甘情不願地去上班，也可以滿腔熱情地投入工作。你可以一起床就開始擔心今天會過得如何，也可以讓這一天變得有趣好玩。這些都是你的「情緒意圖」。它們對你的能量和意識有著重大的影響。如果你不去覺察，你會一直活在由情緒、習性和無意識所寫下的紀錄，而這些情緒和習性有自己的動能，不論它們是否健康和對你有益。

顯然地，為了要創造正面的紀錄，我們每天都要清楚自己的意念，覺察自己的行為和習性。我們能夠選擇心存良善，活得開心。我們有能力選擇擺脫下意識的習性，即使是在我們認為無關緊要的時刻，也要帶著清醒的意圖生活，因為生命中的每一刻都很重要。我們每一分鐘的念頭與行動都會被寫入我們的紀錄，而**我們的未來就取決於我們在每個當下所做的選擇**。

未來取決於當下的選擇

就能量的角度而言，我們在日常生活中所做的選擇日積月累後便形成一股特有的能量並影響我們的未來。我們如果能夠覺察自己平日的思想與情緒模式，並做出有意識的決定，便能創造我們想要的生命紀錄。

我們對自身的念頭、行為和情緒往往沒有覺察，然而這些思想、行為與情緒卻會影響我們的「未來紀錄」。事實上，我們如果檢視現在或今生紀錄，就會發現哪些模式會對我們的人生造成決定性的影響。探究個人紀錄可以決定你需要改變的現今模式有哪些。請記得，你所創造的能量會進入宇宙時空，形塑你的命運。因此在檢視今生紀錄時，你必須從意識與能量的角度來考量。以下便是最重要的幾個面向：

你的想法

「正面思考」雖已是老生常談，但要真正做到並不容易。儘管如此，我們還是要努力用正面的態度來看待事物。首先是要以愛與鼓勵的正面觀點對待自己，這是你在創造今生紀錄時很重要的一點。

你對自己的看法是一切的核心。

如果你要改變自己的想法，先試著改變你所說的話。我們所使用的言詞文字具有強大的力量，它們撰寫我們的人生，如同我們紀錄裡的逐字稿。但只要我們有心，我們能夠控制自己所用的話語。這跟我們的**意識和選擇**有關。舉例來說，「我很害怕」和「我很強大」這兩句話就有天壤之別。當我們面臨棘手的情況，我們可以說「我很害怕」，也可以說「我很強大」，但第二句話賦予我們力量，也最能創造理想的紀錄。

「我很強大」雖然只是簡單的一句話，卻是非常有力的宣言，它宣示你的信念並提醒你：**你能夠選擇要以怎樣的心態來面對問題**。事實上，有許多類似的宣言可以幫助你提升能量，讓你在當下轉換心境。我高度推薦雪倫．克林格勒（Sharon Anne Klingler）

所著的《*Power Words*》。作者在書中提供了許多技巧，可以幫助你改變使用的話語並提升你的振動。

由於我們的生命紀錄是以言語、影像和能量的振動寫成，我們最好能使用具有力量的語言文字。這也包括了你對他人、你的環境、你的工作情況和整個世界的想法。此外，思緒平靜，情緒也自然平靜。這也是你在書寫今生紀錄時的另一個重要方法。

你的情緒

情緒和想法是我們的生命紀錄裡最強大的要素，同時也攸關我們的生活品質。你的情緒品質告訴了別人你是怎樣的人，因此誠實檢視你正在撰寫的情緒紀錄會非常重要。

當你生活在恐懼、絕望或長期的挫折裡，你所留下的情緒紀錄自然跟活得有樂趣、樂觀與開心期盼未來大不相同。但無論你至今的人生如何，你都要知道你絕對有力量從心生活，而且你的人生一定會有好事發生——如果你選擇去看那些你曾經或已經擁有的美好事物，並且去想每天可能發生的開心的事。每天樂觀生活，好事就會發生。

請記得：**你確實有力量改變你的想法，從而改變你的情緒**。要知道，決定和創造你人生品質的並不是一些重大或特殊事件，而是你每一天，乃至每一分每一秒所做的決定，每一個你選擇感恩、選擇放寬心、選擇活得快樂和懷抱希望的時刻。就阿卡西紀錄而言，每一個你想到**信任**、**信心**和**平靜**的時刻，都是你人生的轉折點，都會是你能夠創造正面紀錄的決定性的時刻。

每當你選擇信任自己，對這個世界懷抱信心，並以平靜的態度來面對生命中的一切時，你就能創造出嶄新的阿卡西紀錄。

你現在的行為

你每天都做些什麼？用怎樣的方式？有一些事情我們每個人每天都會做，例如吃飯、睡覺，也或是看電視、看報紙、上網、傳簡訊，與朋友、家人交流和相處等等。這些都是我們日常生活的一部分。有些人還會從事其他的活動，像是運動、冥想、聽音樂和打電玩。

然而，當你在做這些事情的時候，你有意識到自己在做什麼嗎？有些事，譬如吃飯，我們往往毫無意識地進行，有時或許還會吃得過量。但對日常活動缺乏覺察，也會產生影響紀錄的動能，就跟想法和情緒一樣，如果你缺乏自我覺知，經常做出無意識的行為，久而久之，這個動能就像一條奔向湍急瀑布的洶湧河流，使你的未來可能面臨滅頂的危機。

因此，請花點時間檢視自己的行為模式。你不必要求自己凡事盡善盡美，但你必須開始評估怎樣的行為才能體現你的價值。接著，你要發揮勇氣、毅力與自制的精神，做出能夠展現你的價值、能夠榮耀你的選擇。如果你經常這麼做，而非持續不健康的行為模式，那麼你寫下的紀錄和得到的結果將會大不相同。

你現在的行動

「行為」與「行動」兩者是相互關聯的。我們如果想要運動、想要吃得健康、想要思想樂觀，並把時間花在有益的事上，我們就必須確實那麼行動。如果你想創造美好的「今生紀錄」與「未來紀錄」，你就必須採取實際行動。

如果沒有循序漸進地採取行動，你不可能達成你的目標。無論你是想創業、銷售或寫一本書，你都必須採取必要的步驟。行動雖然會隨目標或階段而異，但無論如何你都需要採取實質的作為。如果你希望有成功的未來，你就必須在現在**行動**。

你的靈魂帶著具體的目的來到這裡，不論是療癒、愛和自律，都需要採取具體行動才能實現。你的靈魂也帶著獨特才華來貢獻這個世界，也許是服務他人、科學上的發現，或是藝術創作，或為大眾帶來歡笑。也或許目標跟個人層面有關，像是當個好父親或好母親。無論你的目標為何，如果你希望看到未來的阿卡西紀錄裡寫下目標實現，你現在就要採取行動。

你的靈魂

你有一個永恆的身分。那部分的你選擇了這次的人生體驗，你的靈魂是永恆的存在，也是你主要的能量來源。它是你最強大的部分，它具有無窮的力量。問題是大多數人並沒有意識到自己的這個美妙部分，也沒有藉助靈魂的力量來提升自己的人生和實現目標。

你的靈魂具有無比驚人的能量。如果你現在學習運用這股力量，你的現世將充滿能量，而且你也能加速創造出你想要的未來實相。

你的靈魂不受時間侷限。它可以在剎那間穿越永恆，穿越時空。它可以毫不費力地在時空中前進，在能量界域種下你的未來種子，將你想要的結果寫在你的阿卡西紀錄裡。如果你能在每一個當下、每一次起心動念時想到你的靈魂紀錄與它的力量，你就能成就無限的可能。

你在每個當下的能量

你的靈魂對生命有很宏觀的視野。它並不把你遇到的問題視為困難或麻煩。在它看來，那些考驗都是勾勒出你的「永恆紀錄」裡的一小片圖案。你的靈魂看到生活中那些雖然微小卻美好的事物，譬如金色的夕陽、輕柔的微風、玫瑰盛開時的芳香、嬰兒銀鈴般的笑聲，以及葡萄酒入口時的馥郁滋味，這些都使靈魂沈浸其中，玩味不已。換言之，當你可能只關注於遇到的難題時，你的靈魂卻是以截然不同的觀點來看待生命中的每個經歷。

每一個時刻都充滿了生命力與無盡的可能。順境是祝福，逆境則是機會。靈魂的意圖是欣賞和享受生命中的種種樂趣，並善用每個當下充滿力量的機會學習和成長，不論那個當下看起來是好是壞，還是不好不壞。請記得，在每個經驗裡，在每一個當下，你都在書寫你的紀錄，而這些今生紀錄將會融入並影響你的未來和來世的生活。

許多人會對未來充滿期待，但卻無視於當下這刻。事實上，**現在**才是生命中最特別的時刻。因為這是你有力量做出選擇的時刻——選擇你要怎麼想、怎麼感受、相信什麼、要做什麼。這些決定都是在當下這個珍貴、有威力的時刻所做出的選擇。即使你現在所做的小小改變都會在你的永恆紀錄產生驚人的變化。這是因為在每一個時刻，無論你面對怎樣的問題，永遠都存在著無數「鄰近的可能性」（adjacent possibilities）。

找到你的「鄰近的可能性」

在科學、自然、工業，甚至經濟學領域，「複雜理論」（Complexity Theory）都顯示了各種系統是如何隨時間形成和演進，在這個理論裡，有個被稱為「鄰近的可能性」的概念。這個概念揭示的是，在任何時刻，即使是過程或環境的一丁點變化，都會使整個系統朝向非常不同的方向發展。

無論你相信與否，這個概念也適用在個人身上。無論在任何時刻，你都有無數的「鄰近的可能性」和無數的選項。你在任何時刻所做出的小改變，都能夠帶引你的人生朝向新的方向。

無論你目前的境遇如何，你的生命都是獨特的，而你要以怎樣的態度來回應生活，完全決定於你。你有能力創造不同的想法，選擇不一樣的行為，寫下不一樣的新紀錄。要做到這點，你必須要能自我覺察，也就是你要有意識地覺知到自己的行為，即使只是一般的日常事務。

事實上，我們的紀錄多是由日常生活中的例行事項所組成。我們對自己每天的情緒與反應通常都沒有意識。當我們遇到塞車，可能會感到心煩甚至生氣，但在那一刻，我們其實擁有許多「鄰近的可能性」。我們可以繼續心煩生氣，也可以深吸一口氣，讓自己放鬆。我們可以播放自己喜愛的音樂，跟著哼唱，也可以看看周遭的環境，欣賞美麗天空的色彩。我們可以回想快樂的往事或是自己最喜歡的度假地點，也可以想想自己所愛的朋友或家人。

這些只是一些你在當下所擁有的「鄰近的可能性」。當你做出對自己有益的新選擇時，你就改變了你的能量、你的紀錄，甚至你的人生。如果你能覺察到這些選擇，並養成做出榮耀和尊重自己的新習慣，你就能立刻為現在的自己寫下喜悅的新紀錄，並使你的「未來紀錄」朝嶄新的方向發展。即使是小小的改變都能產生重大的影響。

舉例來說，你此時的今生紀錄可能顯示你這輩子將一直從事同樣的工作。但這是可以改變的。你現在所做的、所想的和所感受的——這一刻、這個小時、這一天的紀錄——都具有改變未來結果的力量。事實上，幾乎一切都是取決於你現在的能量方向。**你現在的個人紀錄是來自於你的意識和能量，只要改變了意識與能量，它們所產生的結果就會不同於你幾天前，或甚至幾小時前的能量創造。**

想想看，這是多麼有力量的真相，這個真相能夠使你自由。因為你現在就可以掌握你的想法、你對自己所說的話、你的選擇、你的行動，乃至你的情緒。改變你現在的紀錄，你也就改變了未來的命運。

剎那間的改變造就不一樣的人生

我教個案雪莉使用編寫今生紀錄的技巧來改善她因更年期所經驗到的一些問題。她在更年期開始後，體重增加了大約30磅（13.5公斤），她很努力減重卻瘦不下來，而且還不時陷入嚴重的憂鬱。這是她過去從未有過的現象。有幾次她甚至覺得自己快崩潰了。

她意識到自己正在阿卡西紀錄裡寫下沮喪和痛苦，也知道這樣的能量會使她的未來紀錄帶有更多沮喪和不開心。於是她自問：「在這一刻，我要寫下怎樣的紀錄？」她的問題提醒了自己：她有轉移自己的注意力並掌握主導權的選擇，而非任由自己一直處在憂鬱狀態。她決心運用「鄰近的可能性」來擺脫荷爾蒙的宰制。在過程當中，她雖然遇到很大的困難，但慢慢地有了進展。

每當她發現自己的情緒再度陷入低潮，她會記下當時的時間並說出自己想要的體驗。比方說，她會做這樣的宣示：「現在是四月四日十點五十九分。此刻我正在書寫我的今生紀錄。我想要留下怎樣的紀錄呢？」一想到自己能夠做出改變，她的臉上就忍不住泛起微笑。

接著，她會開始去想那些會讓她開心的事，並且肯定地告訴自己：「我已經改變了在當下所書寫的紀錄，而且也讓自己的心情開心起來。」她愈是經常這麼做，她的快樂能量就愈來愈強！最後，她果然過得比以往開心，不再受困於對她有害的情緒模式。

當她成功改變了自己的情緒模式之後，她決定以同樣的方法來減重。每當她在吃飯或放縱地吃著宵夜時，她會停下來問自己：「我現在這麼做，會留下怎樣的紀錄？」

當她意識到自己正在深化舊紀錄，延續無意識地吃吃喝喝的行為，她會立刻停下，開始說肯定語：「現在我選擇展現我的力量、做出改變，我有能力戒掉這種對我無益的行為。」這樣的宣示給了她力量在當下就立刻改正行為。

接著，她會開始觀想她的今生紀錄因此產生的變化，並且聲明：「在這一刻，我開心地選擇不再繼續這樣吃吃喝喝。」這個做法為她在生命裡寫下新的紀錄。在腦海觀想畫面也使她覺得自己變得更有力量，更充滿希望，也更能自我克制。

然而，有些時候她也會忘了要這麼做。如果她意識到時已經晚了，她會觀想自己在書寫生命紀錄，這次她會這麼說：「我原諒自己，我確信自己會愈來愈堅強。」就算只是在事後把愛自己和原諒自己的觀念放進永恆紀錄，也轉變了她的情緒，使她的心情更平靜。

由於這兩個實驗都很成功，因此雪莉決定繼續用這個方法來改變她與食物的關係。之前她經常會沒事就想吃東西，而且往往把一堆食物囫圇吞棗地塞進肚子，沒去好好品嚐味道。她知道這樣並不健康，也不是她的靈魂想要的，於是她決定改變，用更健康的態度來面對食物。

每天早上，她一醒來就先花幾分鐘規劃當天要做的事，並觀想自己用餐的情景。她看到自己細嚼慢嚥，享受食物的滋味。接著她會把這個畫面放在她「今生紀錄」的螢幕，而且加註時間和日期。

等到要吃飯時，她會先回想螢幕上的影像，並告訴自己：「我會慢慢地吃，有意識地吃，享受吃東西的樂趣並心懷感恩。」

她也告訴自己在家用餐時也要吃得悠閒從容，帶著更多的覺察。她很享受這種心懷感謝、慢慢品嚐食物的感覺，她不再像從前那樣囫圇吞棗，無意識地進食。她發現她和食物的關係有了改變，她對自己的力量也有了新的體認。她知道她也可以運用這個力量來改變自己的行為。

經過一段時間的努力，雪莉終於減掉了之前增加的大部分體重，也走出了憂鬱的泥淖。後來每當她發現自己即將重蹈過往模式，她就會在那一刻停下來，在她的「個人紀錄書」裡記錄新的想法或行為。她一直記得自己擁有的「鄰近的可能性」。她知道，當她現在為自己的生命寫下新的紀錄，這種充滿力量與共振的美妙感覺，將使她的未來紀錄也充滿快樂的能量。

練習：在每個當下留下正面的紀錄

意識到自己所擁有的「鄰近的可能性」，會幫助你更快速地重拾力量，改變你的今生紀錄與未來紀錄。事實上，你隨時都能夠帶著覺知寫下自己想要的紀錄，不論是在事情發生當下，或是在事前一小時或前一天進行。

這個過程只需要幾秒鐘，但你要先有明確的目標，對選擇保持開放，並相信自己的力量。以下便是書寫當下紀錄的幾個步驟。

1. 花點時間回顧你「今生紀錄」的模式。有哪些想法、信念、言語和情緒模式是你想要改變的？你想讓它們更溫暖、更能體現你的價值、更有力量、更樂觀。換句話說，你想要改寫哪些模式？
請把它們記在你的阿卡西日誌，為改寫你的「今生紀錄」做好準備。

2. 每天早上起床後，想想你今天可以寫下新紀錄的機會。每一個你做出實現自我的選擇，都是改寫你的紀錄（和改變你的人生）的機會。當你在做這個練習時，謹記自己具有的力量，知道你絕對可以在當下做出改變。

3. 儘可能覺察到能夠做出改變的時刻，並問自己：「我在此刻想寫下怎樣的紀錄？我現在想要把什麼樣的行為、想法或選擇留在我的永恆紀錄裡？」

4. 深呼吸，觀想自己正在做出新的選擇。再觀想自己把那個選擇寫在你的「個人紀錄書」上。

5. 接著，請根據那個選擇採取所需的具體行動。無論你選擇改變的是想法還是行為，觀想自己正在那麼做，然後在現實生活中切實行動。

6. 以肯定語說出你透過這個新選擇所記錄下的情緒，比方說：「此刻我正記錄力量、樂觀、平靜、榮耀、尊嚴、優雅，以及有能力放下……的紀錄」等等。

7. 微笑肯定自己和自己所做出的改變。要知道，每個時刻都很重要。

你可以在事情發生的當下做這個練習，也可以事先進行。譬如說，你可以在每天早上先想想今天可能會發生的事（尤其是一些比較棘手的狀況），然後再想想在那樣的情況下，你想留下怎樣的紀錄。你可以提醒自己，你隨時都有能力改變。這會讓我們感覺自己充滿力量。當你能夠有意識地生活時，你的人生就會大為改觀！

＊＊＊

你的「今生紀錄」一直在演進，也隨時能夠改變。這個紀錄如實呈現你生命裡的力量和選擇。每當你注意到有機會在當下寫下新紀錄或方向時，務必把握時機做出改變。當然，你有可能會受到習性的牽引，想重複舊有行為，但你可以發揮意志力與自制力，鼓起勇氣，發揮自律的精神，做出不一樣的選擇！

你也可以召喚靈魂的力量（參見第161頁）幫助你做出改變。無論你用什麼方式，都要知道：你在你的「今生紀錄」所做的每一個改變，就算只是短暫片刻，都會在你的永恆紀錄種下新的、強大的、能夠展現你的價值、目標，並帶來快樂人生的阿卡西種子。

摘要

- 無論你想達成的是靈性、個人生活抑或事業上的目標，當下都是採取行動的最佳時機，也是唯一的時機。如果你寫下的紀錄能夠反映你的價值和你最崇高的志向，你的生活將更加光明燦爛，未來也將充滿更多美好的可能。
- 你的思想和情緒是創造你的今生紀錄、影響你的人生品質的最重要元素。
- 你所能立定的最崇高意圖之一，就是讓自己的思想和行為都能反映和榮耀你的價值。這樣的行為會使你的人生紀錄正面且快樂。
- 無論在任何時刻，你都有許多「鄰近的可能性」。每當你注意到有機會寫下新的方向，做出重新定義自己的選擇時，把握當下做出改變。

第八章

靈魂的界域

靈界是我們連結阿卡西紀錄的重要管道。從你自己的靈魂、你的高我，到靈界的許多指導靈、大師，以至往生的親朋好友，這些較高能量振動的靈魂能更容易地與阿卡西紀錄的頻率共振。因此，這些靈性存有或生命體本身就可以是阿卡西紀錄的使者。你甚至也能從天使界接收到訊息和指引。學習如何連結靈界因此會是重要且有助益的事。

天使與阿卡西紀錄的嚮導

所有的靈魂——甚至你自己的靈魂——能容易地與阿卡西場域產生共振。然而有些純能量的天界存有跟阿卡西場域的關係更密切。麥達昶就被認為是天使界中很重要的一位。祂被視為書記和紀錄管理者，是阿卡西場域一股強大的力量。麥達昶也是非常古老的存在體，很多人認為祂的出現更早於大天使米迦勒（Michael，或稱大天使麥可）。事實上，很多人稱麥達昶為大米迦勒。

烏列爾（Uriel）是另一位與阿卡西紀錄緊密相連的天使。這位靈感天使也被稱為上帝的火燄。你看到的烏列爾可能是男性或女性。事實上，你們看到的大部分天使都曾以男和女性出現，由於祂們是非物質的光體，祂們透過性別來揭示所帶來的能量。

除了上述這些阿卡西紀錄天使，還有一位古老的阿卡西紀錄天使或嚮導會為你揭示重要的基本真理，幫助你的理解。你可能不是經常看到這位嚮導，但他會和你建立連接，在重要時刻為你帶來啟發和指導。我把這位靈性存有稱為真理的保管者，他守護為我們帶來理解與成長的深刻靈性真理。

我自己就曾經有過與某位靈界存有連結的經驗。在我的印象中，他似乎是位僧者或聖人。他曾經三次在我人生的關鍵時刻帶給我無比重要的靈性指引和資料。最近一次發生在我的夢裡。在那個夢境當中，他教導我關於靈性解碼與編碼系統的知識，我後來寫在《你的量子突破密碼》。同樣的這位靈體還曾出現在我的一次瀕死經驗——他帶領我到一條河邊，過了那條河就是另一邊的靈界。

我第一次與這位靈界存有接觸是在我十六或十七歲的時候。他那時來到我的夢裡，教導我跟輪迴相關的所有知識。他告訴我，有一天我會需要這些知識。他還曾帶我探訪天使界的許多地方，向我解釋不同的光體，並向我說明我們身為靈魂在轉世之間（靈魂回到靈界跟重回人世之間的空檔）所做的工作。這個靈體顯然和我關係密切，總是在重要時刻為我帶來重要的靈性指引。他在我身邊的時間很可能比我知道得還多，我也永遠樂意隨時接收來自他的更多指引。

你也有位特別的真理保管者和指導靈們會為你帶來阿卡西紀錄裡的靈性啟示，這些啟示能夠改變你的生命，而你要做的只是相信他們的存在。他們對你很感興趣，你可以和他們及其他指導靈建立密切關係。每當你進行神聖殿堂冥想和其他練習時，你都能邀請天使、真理保管者和指導靈引導你。你可以詢問特定的問題，也可以請他們在任何方面協助你。他們一直在你身邊，他們滿懷慈愛，對你充滿興趣，總是樂意協助。

天使及其專長

你可以向無數的天使與靈界指導靈要求取得阿卡西紀錄裡的資料。我們接下來要討論的是最廣為人知和熟悉的幾位。

就如我們每個人都有不同的才華和專長，那些在你身邊的天使也都擁有各自的專長。當然，每位天使都能讀取阿卡西紀錄的資料，為你回答問題，或帶給你需要的任何訊息。因此，如果你向來都是和某位天使連結，你可以把祂視為你的紀錄嚮導，向祂要求任何需要的資料或能量。這也適用於你的守護天使，我們每個人都有一直在身邊的守護天使，祂同樣是非常慈愛的光體，無論何時你都能向祂尋求指引和幫助。

記得，阿卡西紀錄不僅儲存無盡的資料，它也帶有無限的能量。就像天使不僅能為你帶來特定的訊息和靈感，祂們也能帶給你渴望的特定能量。阿卡西紀錄裡有著勇氣、毅力、愛、和平和力量的振動，天使信使能在你需要的任何時候把這些美好的振動能量帶給你。

此外，阿卡西紀錄也記載著所有英勇的行為與歷史，它們能觸動你的靈魂，為你帶來力量。紀錄裡也有愛的歷史和愛的一切形式，這些資料能夠開啟你的心，使你體驗到愛自己和愛他人，事實上，這就是阿卡西紀錄的一部分目的：保存所有真理與力量的能量——天使們於是能在你需要時帶給你這些珍貴的振動能量。

了解每位天使專長的領域對你會很有幫助。你可以看看在接下來提到的這些天使當中，哪一位的專長最符合你目前的需求。你可以請祂們開啟阿卡西紀錄，為你帶來任何你需要的資料，協助解決你遇到的任何難題。你也可以請祂們將特有的行動和情緒能量傳送給你，鼓舞和幫助你。此外，你也能要求天使和指導靈為你帶來阿卡西紀錄的啟示、幫助你磨練天賦和技藝，或是為你的創意工作帶來絕妙的點子。

當你瀏覽下列的介紹時，請留意哪些天使與你的目標和需求有最強的共鳴。你可以以祂們的名字或是你的意圖來召喚祂們。

這個名單也透露了伴隨每位天使出現的顏色。當你進行本章最後面的冥想練習時，這對你會很有幫助，因為你在過程中可能會看到或感覺到某個顏色，而那個顏色就代表了那位天使的臨在，代表祂正為你帶來阿卡西紀錄裡的資料。你可能也會看到其他顏色，因此要運用直覺去感受你是和哪位天使連結。去感受哪一位天使正在與你並肩工作。

即使你在練習中沒有看到任何東西，你的天使和嚮導們也一直在你身邊。他們是帶著崇高意圖和振動的能量體，能為你提供直接的連結，接通阿卡西紀錄裡的所有力量與資料。

米迦勒——戰士

米迦勒是力量、能力、主動、開創和行動的天使。祂帶來的訊息可以在你面對逆境、處理衝突或缺乏勇氣時幫上你。當你需要採取新的行動時，祂能為你帶來力量、信念、更大的責任、能力與決心的能量。祂的出現最常伴隨紅色。

拉斐爾（Raphael）——療癒者

當你正在處理有關「心」的問題時，無論是目前的關係，還是想釋放困難或緊張關係裡的舊模式，甚至療癒破碎的心的傷痛，拉斐爾都能從紀錄裡帶來重要的訊息與協助。

拉斐爾與永恆紀錄裡的純粹的愛在振動上有很棒的連結。你可以召喚祂為你帶來療癒身體的能量、愛的能量，還有覓得良緣的能量，祂也能幫助你擺脫有害的生活模式、負面情緒或是舊有的創傷。拉斐爾很關心家庭親子方面的事務，祂能夠幫助父母與孩子建立健康的關係。如果你有收養、教養和任何跟你的孩子有關的問題，祂都能帶來相關的訊息。

拉斐爾的出現經常伴隨不同的顏色，要視祂帶來的能量或訊息而定。綠色和藍色是象徵旅行及家庭連結的色彩，粉紅和棗紅表示愛，黃色、白色、金色或柔和的綠色則是療癒的顏色。所有的天使都能帶來偉大的奇蹟，但拉斐爾尤其能帶來奇蹟般的療癒能量和訊息。

當我從俄羅斯領養我的兩個孩子時，我就曾求助於拉斐爾。我曾在無數的場合召喚祂的協助，我每晚都請求祂為我帶來指引，讓我們能與合適的孩子產生連結。這種同步性十分驚人。在這個過程當中，合適的代辦、社工和孤兒院都一一以神秘且奇妙的方式與我們相遇。每當出現障礙，我就轉向拉斐爾和其他靈體尋求協助，請祂們帶來我們所需的訊息，使我們能夠找出解決的方法。在祂的幫助下，我現在有個美滿的家庭，兩個很棒的孩子，而且我知道我們註定要當一家人。

加百列（Gabriel）——信使

加百列的專長是各種不同形式的溝通和交流。如果你的職業是與寫作、新聞工作、公開演說、教學或諮商有關，加百列可以開啟阿卡西紀錄，為你在這些領域提供很棒的靈感。加百列尤其能協助你與自我真實對話，如果你有自我批判或自暴自棄的習慣，你可以召喚加百列帶來你的靈魂身分的能量與真相，幫助你處理與自己的關係。

你一直都可以取得你的靈魂真相的紀錄，當你認知到你的永恆身份與力量才是你真正價值的源頭時，這些紀錄就會鮮活起來。加百列可以幫助你與你的真實自我建立長久和健康的溝通，協助你消除你從父母或其他權威人物那裡接收到的錯誤自我認知。

請記得，阿卡西紀錄保存了所有與你的永恆力量和價值有關的美好細節。加百列的出現經常伴隨藍色，祂能開啟那些生動和改變人生的記憶，協助你創造出截然不同的美好人生。

夏彌爾（Chamuel）——上帝的尋物者

夏彌爾也能從紀錄裡帶來強大的療癒能量。祂常被視為支持、目標和保證的天使。祂帶來有關療癒的特定訊息，而每當你感覺身心渙散、無法專注，或是生活失去平衡時，祂幫助你找回平衡。夏彌爾也帶來目標與方向的資料與能量。當帶來療癒能量時，祂的色彩是亮黃色；當帶來平衡的能量時，你會看到一抹金色。

亞列爾（Arael）——上帝之獅

就像米迦勒一樣，亞列爾也能帶來勇氣與信心的能量。這些阿卡西能量與資料使你敞開心扉，更能信任，它們也能為你的創意工作帶來新的想法。此外，亞列爾也帶來跟自然與動物有關的訊息和復甦的能量。當帶來勇氣時，顏色是橘色；信心是金色；白色或粉紅色代表信任與親密連結。當亞列爾現身時，你可能還會看到一隻獅子或森林裡的動物。

烏列爾——上帝的火燄

烏列爾是成長、轉化、靈感和直覺的天使。當你試著接通阿卡西紀錄，希望獲得任何方面的靈感時，與烏列爾連結能為你帶來強大的體驗，無論是科學還是藝術，祂都是提供重要資訊的管道。

烏列爾也能幫助你打開心扉，接收直覺的能量，還有靈性真理的深奧智慧。當烏列爾帶來的是轉化和創意時，祂的色彩是紅黃相間；白色、靛藍或紫羅蘭色則表示與靈性的連結。

麥達昶——檔案守護者

正如我們所知的，麥達昶被認為最古老、最強大的天使之一。祂也被稱為「神與人之間的連結」和「解放天使」。由於祂是紀錄的看管者，祂能讀取阿卡西紀錄裡的任何主題，麥達昶尤其能協助尋找與古老智慧有關的資料並幫助你清明思考。

麥達昶也能傳遞有助內在平靜以及和神性意識統一的能量。當你想要你的思考與真理一致時，祂能帶來極大的幫助，就如加百列能幫助你與自我對話一樣。

麥達昶的顏色通常是靛藍色、白色，或是如陽光般的耀眼黃色。

有許多天使都能幫助你連結來自你個人紀錄和永恆生命紀錄的無限訊息與振動，上述列出的只是其中少數幾位。如果你習慣與其他的天使和靈體合作，請繼續深化和祂們的關係。但對新連結保持開放態度是明智的做法。如果你從未跟這些天使合作過，那現在是開始的時候了。

與這些天使建立真實的連結並固定與祂們合作會帶給你極大的幫助。當你要召喚某位天使或指導靈來協助接收阿卡西訊息時，最初你或許會覺得有點奇怪，但只要想想祂們的高能量振動和神性的意圖，你就明白為什麼要這麼做了。祂們不但與宇宙的同步性及阿卡西紀錄在最高的層級共振，祂們也渴望協助世人，而且祂們能夠激發永不枯竭和不可思議的靈感，幫助我們在生命的各層面顯化為美好的嶄新經驗。

阿卡西紀錄的指導靈

靈體能夠幫助你接通儲存在阿卡西紀錄裡的龐大訊息，無論他們是已過世的朋友、家人，或是代表不同意義的揚升大師。靈體之所以容易讀取紀錄，是因為他們沒有肉體形式的密度，不受到物理維度的限制，他們的振動與紀錄本身的頻率較為接近。

就跟天使一樣，你的指導靈隨時都能讀取阿卡西紀錄，並帶給你各式各樣的訊息、靈感及解答。事實上，無數慈愛的靈體都會指引你。以下所列的靈體能在你希望得到幫助的任何領域協助你。這些不同類型的指導靈包括：

往生的親朋好友和工作夥伴

曾在你生活中但已過世的人們（無論你是否認識他們）常會對你伸出援手和啟發你。指導靈可能是某個愛你並想幫助你的靈魂，或是某個曾與你共事的搭檔，他現在繼續在那個專業領域協助你。他也可能是過去某代的家族成員，對你和你在做的事很感興趣。就像你有守護天使一樣，你也有位個人指導靈，他在你一生中的大部分時間都陪伴在你身邊。這個指導靈很愛你，他希望幫助你成功，希望你能過得無比幸福。

才華或老師指導靈

這些是你可能認識或不認識的靈體，他們因為你的工作和目標與他們在世時熱愛與專長的領域有關而被吸引。他們可能只會在適當的時間，或是當人們要求他們為特定計畫提供指導時才會出現。比方說，莫札特帶來作曲的靈感，莎士比亞指引寫作，竇加（Degas）帶來畫畫的靈感，而茱莉亞．查德（Julia Child）則是烹飪。當你喜愛某位專家的工作或你與他們的領域有某種連結時，他們就更有可能為你帶來啟發。此外，那些在此生或過去世曾經是你的老師的靈魂，也會努力從能量界為你帶來靈感和你在尋找的資料。請向這些充滿愛的靈界存有敞開心。在第十一章（第252頁）提到的冥想練習會有助你與他們建立連結。

來自前世的指導靈

這些靈性存有是你前世曾經一起生活過的人，你們在前世的共同經歷促使他們在靈界為你這一世的生活提供指引。他們不只會讓你知道你的前世經歷，也會在你們共同經歷的特定領域或關係上提供你需要的協助。譬如說，你過去世的丈夫可能協助你在這世覓得良緣；過去世的老闆可能會帶來能幫助你找到工作的訊息。

揚升大師

揚升大師是具有極高能量的靈體，他們曾生活在地球並擁有肉體生命，但現在選擇從能量界與人類一起工作。就像天使，他們也常有自己專注的特定目標或能量。揚升大師也可以是指導靈和療癒者，他們開啟的阿卡西永恆紀錄可以為個人層面和全球性的事務提供建議、智慧和解答。

以下是一些最為人熟知且曾對人類幫助極大的揚升大師：

耶穌基督

耶穌曾經行走世間，為歷史及人類帶來偉大的改變。無論你的宗教信仰認為耶穌是神或先知，還是只是個大師，他都有無窮的力量能夠療癒和幫助。他是許多方面的大師，他是愛與靈性智慧的神性大師；教導寬容與慈悲的老師；世界意識的改變者與施展奇蹟的療癒者。耶穌帶來有關療癒、深層智慧、慈悲、理解、神性體驗和表達的阿卡西能量及資訊。你可以因各種理由隨時呼請他的協助，他代表純粹的愛。當帶來療癒時，他的顏色是黃色；粉紅色或綠色是愛；帶來神性與明晰時，是白色。魚、羔羊或十字架則象徵耶穌的臨在。

佛陀

釋迦牟尼佛原名為悉達多，大約生於公元前五六三年（也有不同說法），他拋棄了享有特權的生活，轉而尋求宗教及哲學問題的解答。他的教導在阿卡西紀錄留下了大量有關如何透過出離及冥想達到開悟的重要資料。與佛陀連結能夠提升你反省、超脫和放下執著的能量，幫助你在生活中找到內在的平靜。他的顏色通常是金色、橘色和紅色。

以利亞（Elijah）

這位大師在許多文化與宗教都曾留下足跡，包括希臘、希伯來及基督教文化。他是生活於公元前九百年左右的先知，據說他曾讓死人復活，從天上降下火焰，並曾被旋風捲起。

根據《馬太福音》的說法，施洗者約翰被認為是以利亞的轉世，而施洗者約翰也被認為是一位揚升大師。這兩個人都能帶來阿卡西的指引與靈感。當你處於衝突的情況而需要力量時，他們能將能量注入你的生命。他們帶來個人力量、療癒、奉獻和忠誠。火、風和水的顏色與感覺經常與他有關。

印何闐（Imhotep），埃及大祭司、建築師

印何闐這個名字的意思是「為和平而來」。他建造了埃及的第一座金字塔，他同時也是位詩人、醫生、占星學家和智者。據說印和闐能夠帶來與醫藥及療癒有關的阿卡西智慧，以及建築、設計、詩詞，甚至預言方面的靈感。金字塔是他的常見象徵，顏色則是太陽與沙子的黃色系。

聖哲曼（Saint-Germain）

聖哲曼也被稱為拉科齊大師（Master Rakoczy）。這位匈牙利煉金術士、畫家、作曲家及科學家生活在西元一千七百年前後。他是儀式、紀律、團體和組織的大師，他能夠開啟相關紀錄，傳遞有關創意及意識轉變的資料和能量。他尤其擅長協助團體並在共享意識方面帶來協助，他主要在全球性事務的宏觀層面提供指引。他的色彩是紫色，形象是世界或地球。

希拉里昂（Hilarion）

這位大師也被稱為「療癒和真理傳遞者」，他生活在公元兩百九十年左右，有人認為他有一世是大數的掃羅（Saul of Tarsus），療癒及清晰理解力的大師。他也是智力、科學、細節和貫徹完成的大師。他帶來有關身體和心智上的療癒、明晰與真相的阿卡西智慧。他也能帶來奇蹟的能量。他的顏色是大地色調、綠色和橘色。有些人看到的他手上持著一盞燈。

大德蘭（Teresa of Avila）

這位奉獻、療癒及自律的大師是中世紀加爾默羅修會的修女，過著苦修及禱告的生活。她著有《全德之路》（*The Way of Perfection*）以及《靈心城堡》（*The Interior Castle*）。與她連結可獲得阿卡西靈感、幫助你與上帝建立更緊密的關係、更深的奉獻和更強的自律，或是獲得個人或身體的療癒。她的顏色是紅色系、粉紅色系及大地色調。

▼練習：與靈體和天使溝通的步驟

這個冥想練習的目的是要幫助你與這些美好的靈界生命連結。這個練習看似簡單，卻十分有效，而且你越常練習，你和他們所建立的關係就會不斷加深，這段關係會是你一生的支柱。

1. 深呼吸，放鬆。讓你的心靜下來，把一切的掛慮都拋在腦後。
2. 放下你的分析與期望。不要去想你**想要**什麼事情發生，只要讓訊息進來就好。
3. 再做幾次深呼吸，讓你的意識慢慢地移到心輪。你現在可以邀請一位慈愛的靈體——你可以在內心說出名字或是說出你的目標。
4. 花點時間去感覺，去感受，也看看是否有任何顏色跟這位天使或指導靈一起出現。
5. 注意自己是否感覺或看到任何可能代表某個特定天使的影像，像是號角代表加百列、劍代表米迦勒，一本書或卷軸是烏列爾或麥達昶，動物是亞列爾等等。（指導靈也可能有相應的形象，像是鋼琴代表莫札特，羽毛筆代表莎士比亞。）
6. 敞開你的心靈，以你感覺最自在的方式接收那個靈體傳送給你的訊息。你可能會接收到有關那個天使、指導靈或靈體是誰的訊息，以及你想要得到的資料。

7. 當你對這個慈愛的臨在感到自在時，問一個你想問的問題，或是請他給你任何你需要的訊息。

8. 讓自己如實地接收這位靈體傳達給你的訊息。也許是一個字、一個短句，或是一個影像。也許你會直覺地立刻知道涵義，也許你需要等待一段時間，它的意義對你才逐漸明朗。

9. 詢問這個靈體是否還有什麼訊息想告訴你，無論是有關你個人還是任何的議題。

10. 感謝這位天使或指導靈給予的愛與協助。表達你的愛、你想保持連結的意願以及你深深的感謝，讓他知道你樂意隨時接受來自他的指引。

＊　＊　＊

你的高我

你的高我是你與阿卡西紀錄最強大的連結之一。你的這個永恆部分之所以被稱為

「高我」並不是因為它比你的肉體自我更好，或因為它飄浮在你上方某處。它被稱為高我是因為它的振動頻率高於你的個人與肉體自我。也因此，它與神性意識和能量界的所有資料、力量及資源，包括廣大的阿卡西場域，有著更強大的共振連結。

你的高我事實上比你更清楚你的需要，而且能提供所有你尋求的解答。因為它能進入永恆界域裡的資訊和能量場。因此，請不要困陷在你的肉體和個人世界而忽視了自己這個非常強大的部分，這一點非常重要。

還有一個很重要的認知是，你個人在肉體與心理上所受到的侷限並不會束縛你的靈魂。你的靈魂早在你投生於人世前就已存在，而且在此之後還會繼續存在。當你允許自己走出對自我的限制，放下懷疑與憂慮，你便是將你的永恆身份與宇宙心靈的振動校準，你將因此得到靈感，受到啟發，接收到各種阿卡西能量與資料，而這甚至會發生在你最意想不到的時候。

這種與神性心靈及無限潛能同步的狀態，是驚人發明和發現的泉源，它能夠啟發藝術、文學和音樂的美妙創作。因此，花些時間冥想吧，與你的高我、你的永恆自我連結。

當你與這個創造性的意識連結時，你就能獲得這個偉大場域裡具有的所有時代——過去、現在和未來——的靈感與永恆智慧。

▼透過直覺開啟記錄

人們一直都在接收直覺的訊息。有時他們會聽，有時不會。要能自在且迅速地用上直覺需要覺察和練習。直覺也是接通宇宙的同步性和阿卡西紀錄的廣大意識場的主要方式之一。

你接收到的直覺訊息也許很平常——比如帶把傘，因為可能會下雨。但你也很可能接收到極為重要的訊息。

你的直覺心智接通與你人生一切議題有關的阿卡西紀錄——從生活上一些有幫助的簡單提示到改變生命的計畫都涵蓋在內。

以下的實用步驟可以幫助你強化對日常生活的直覺力：

- 養成固定放鬆或冥想的習慣。為了傾聽來自宇宙的回答，你要讓你的心靈安靜下來並且願意開放心靈接收訊息。即使只是定時做幾次深呼吸、放下思慮，也能有助你開啟直覺的管道。

■ 學著更常傾聽你的直覺。隨著時間過去，你將能夠區別直覺的聲音和你頭腦裡的雜音。然而，有時你也許必須進入內心深處傾聽才能注意到這兩者的差異。

■ 儘可能經常將你的意識，你的覺知帶到內心一個平靜安寧的地方。生活中繁多的事項和活動，以及不停思考的心智會阻礙訊息的流動。伸展自己的身體，放鬆肌肉、放空腦袋，把注意力放在你的心輪，這會幫助你與宇宙的指引和慈愛的能量流建立起連結。這股平靜的能量一直都在等待你與它連結。

■ 每當你在處理某個特定的課題，或是面對某個問題而需要靈感或指引時，向你自己的永恆靈魂請求協助。在床邊放一本筆記本，晚上睡覺時，簡單地記下你的問題、你關切的事，或是你正在思考的議題，也寫下你的意圖：「我敞開自己接受靈魂的協助。我以我能夠記得並理解的方式來接收有幫助的訊息。」

■ 入睡前，請你的高我接收來自阿卡西紀錄的資料。無論你得到什麼訊息，都請記下來。即使是夢，裡面也可能有要給你的重要答案，所以請保持開放的態度去看到真相。如果你在夢中得到了某個訊息，即使你一開始還不能理解，也請記下來。隨著時間過去，你將接收到更多的能量和資料，你也會更清楚理解來自高我的指引。

- 信任你所接收到的訊息。無論是夜裡或白天，你的靈魂和其他靈體一直在為你帶來來自阿卡西的指引。磨練你的直覺和接收能力，並相信你的永恆自我。當你把這樣的態度和意圖帶入你所做的每件事，你的人生前景將充滿驚喜。
- 你的靈魂能量永遠屬於你現世和永恆自我的一部分。你的靈魂是這世上的一股力量，而你的靈魂本質具有接通儲存著所有智慧、靈感及指引的偉大場域的能力。身為一個散發振動光芒的永恆靈體，你有能力連結靈魂的世界和神性的無窮力量，這個神性的無窮力量就是提供你所有的愛與協助的終極源頭。

神性的連結

還有一個靈性力量可以輕鬆為你開啟通往阿卡西紀錄的大門。無論你稱這個創造性的源頭為上帝、神性或宇宙，這個有著更高意識的美妙存在是永不枯竭的智慧源頭，祂能為任何難題提供創意解答。這個創造性的神性源頭在宇宙的每個波與粒子中振動著。它涵蓋了無邊無際的阿卡西紀錄，而承載著紀錄的一切事物自然也帶有這個神性。當你與這個活躍的意識和創造性的場域建立起強大連結時，你將在未來的人生得到寶貴的指導及意想不到的幫助。

你要把自己視作是這股神性能量的生命表達，這點很重要，因為這個能量不但體現你人性的固有價值，還有你永恆本質的深刻真相。認知到你內在的神性將為你帶來一種平靜及恆久的深刻感受，而一切都要先從承認你的靈性本質開始。你不需要做什麼特別的事情或成為什麼與眾不同的人物才能彰顯你的價值。你的真實價值來自你永恆且神聖的本質。現在是認知到這個真相的時候了，把那些作繭自縛的錯誤自我認知拋下，那些錯誤的自我定義一直在阻礙你看到你真實、永恆、美麗和神聖的本質。

你內在這個無可比擬的神聖臨在一直是你的真實本質和價值的終極源頭。當你了解了這個真相並擁抱這個美妙的領悟時，你的心將會徹底打開，全然接受宇宙給予的無限協助與祝福。這會是最具接納性的態度和能量振動。

體認到你的內在神性將會喚醒你，使你與你的阿卡西真相全面校準，而這將開啟每一扇通往美好人生及璀璨幸福的大門！

摘要

- 你有一個特別的真理保管者和許多指導靈一直在指引和幫助你，他們會從阿卡西紀錄為你帶來改變生命的靈感和啟發。
- 你可以和無數的天使及指導靈發展出深具意義的關係，你隨時可以向他們尋求支持，要求他們為你帶來紀錄裡的資料。
- 有些實用的步驟可以強化你的直覺能力，包括放鬆、向天使和靈體詢問，然後信任你得到的訊息。
- 宇宙的創造性源頭驅動著你的生命和這個世界，你隨時可以召喚這股力量。

第九章 這個世界的智慧

阿卡西紀錄裡的資料並不限於你的個人歷史，也不限於亙古以來所有文化與國家的共同歷史。除了這些龐大的資料，你也能透過紀錄瞭解實體和自然世界的真相，而且不只是地球，甚至還包括其他星球。

許多人似乎認為這些知識存在於某些特殊的地方，有人稱為學習殿堂、教育殿堂或靈啟殿堂，他們認為這些地方專門存放人們在從事發明或探索時所需的資料，並暗示這類紀錄更難取得，然而這個說法與事實相去甚遠。

事實是，正如阿卡西紀錄裡的所有資料與能量，這個世界的所有智慧和它的所有形式及應用，不但存在於最強大的波頻，也存在於最細微的共振；它瀰漫於一切存在，具有純粹意圖的任何人都能在任何時候接通，而接通這類資料的最好方法，就是將我們的意圖與這個資料的共振波校準一致，如此我們的個人振動就會透過「導引作用」

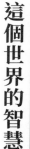

（entrainment），一種共振原理的有趣過程與我們所尋找的資料相符。

導引作用

導引作用是能量同步的一種現象，它會帶來驚奇且往往出人意料的結果。當能量的振動聚集，而且節奏或頻率的品質相符時，它們的振動會趨向同步。當我們本身的頻率與自己目標的頻率一致，便會創造出與阿卡西紀錄的流暢連結，使資料在適當的時間以適當的方式流動，而且這通常不用任何有意識的指令便會發生。

接下來的案例就顯示了阿卡西紀錄如何以這樣的方式運作。

不費吹灰之力

莎拉是很出色的烘焙師。她喜歡烘焙的過程和成品，她做的甜點、蛋糕和派都很美味。

當莎拉聽說鎮上有個比賽，要選出最有創意的派時，她就決心要創作最棒的派。她一直嘗試新配方，雖然成品美味，但就是少了她要的某個味道。她不放棄，還是持續實驗並改良配料。一天，莎拉從她的店裡開車回家的路上，因為等紅燈而暫停，當時她正聽著喜愛的音樂，沒有想什麼特別的事。就在她凝視遠方出神時，忽然間，她鑽研的食譜裡一直缺少的那個成分出現在她眼前。她先是看到需要添加的成分，然後清楚看見她應該加多少，以及在什麼時候添加。

她立刻就知道這是她一直在尋找的答案。於是回家後就按照那個靈感所揭示的方法試做。

她愛極了這個成品，鎮上的評審們也一樣喜歡。她贏得了第一名。

像這類的情形一直是阿卡西紀錄從不間斷的功能。除了自古以來已存在於這個世界的所有烘焙和烹飪食譜以外，還有成千，甚至上萬個還未問市的各類美味食譜。所有的資訊現在都在阿卡西紀錄的場域裡振動著，等待被發現。

事實上，如果你的能量——就像莎拉的能量一樣——與某個特定意圖的能量調諧一致，你正尋找的資料非常可能會不請自來，而且往往在最意想不到的時刻。這就是與阿卡西場域產生導引作用時會出現的同步現象。我們從歷史上一些最重大的科學發現當中，就可以看到這種自動獲得阿卡西資料的不可思議例證。

寫在大自然裡的訊息

宇宙的每一處都充滿無限的資料及無窮的創造能量。與宇宙能量流的共振連結可以使我們隨時運用這些智慧與靈感。然而我們的懷疑和煩躁分心卻往往阻止了我們與這個偉大的能量流共舞。事實上，只要我們開放心胸，走出自我設限的思維框架，神奇的事情就會以最神秘的方式發生。

凱利・穆利斯（Kerry Mullis）就有過這種不可思議的經驗。穆利斯是美國加州的一位化學家，他一心投入解碼 DNA 的工作。他在所著的《心靈裸舞》（*Dancing Naked in the Mind Field*）敘述自己如何不眠不休地在實驗室工作，為的就是要找到鑑定 DNA 的方法。在工作了無數個小時之後，他覺得自己需要放個假。他選了自己最喜歡的休閒愛好——衝浪，並前往他位在加州安德森谷的小屋。他把他的科學研究拋到腦後，全心期待小屋的週末假期。但他當時不知道的是，他在那個週末要做的研究工作會遠比他印象裡的任何一個週末都還多。因為他即將得到來自阿卡西紀錄的驚人啟示。

穆利斯很喜歡開車穿越加州谷地，一路上山丘及枝頭上的花朵美不勝收。當他正開心地看著那目不暇給又令人屏息的美景時，他一直尋找的 DNA 鑑定方法突然出現在他眼前，幾乎就像是寫在山丘和樹梢上似的。他整個人驚訝得呆住了，他把車停到路邊，把他看見的寫下來。當他看著記下的理論，他意識到在那個靈光一現的剎那，他發明了聚合酶連鎖反應（polymerase chain reaction，簡稱PCR），這是科學上非常重大的突破，因為DNA能夠提供給我們許多資訊。

穆利斯打電話給他的同事，後來那個週末他們全都聚在一起針對他得到的訊息研究。之後穆利斯繼續在實驗室測試，他最初的方法被證實是正確的。事實上，穆利斯奇怪自己為什麼沒有更早想到答案，因為答案是如此簡單。有意思的是，那個簡單卻至關重要的資料一直都儲存在阿卡西紀錄，等待著他符合頻率的共鳴接收。

這個訊息的啟示讓穆利斯得到了諾貝爾獎，全世界都看到了這個發明的重要性。運用他的發現所發展出的研究使得人類對DNA的了解大步躍升。這個技術不僅從根本上改變了犯罪學上的科學鑑識，也能透過預測使人們免於遺傳基因的疾病威脅。

然而這個影響重大的發現並不是單一事件。這世上有無數的發現、發明，甚至是偉大的音樂、文學及藝術作品，都是來自個人與阿卡西場域——充滿一切資料與創造能量的無限意識——之間同步性的連結。事實上，這種神奇的自發性的靈感往往會以看似「意外」事件的形式出現。

▼紀錄帶來的意外驚喜

來自阿卡西紀錄的啟示以不同的方式顯現。有時是自發的靈感，有時是刻意尋求並終於尋得的結果，有時，訊息自身（也許是在靈體的幫助下）會以不在計畫裡的事件形式發生在尋求者身上，看起來就像是意外一樣。細菌學家亞歷山大．弗萊明（Alexander Fleming）的例子就是證明。他在一九二八年因為一個被污染的培養皿，後來的發現拯救了數百萬人的性命。

在一次假期後，弗萊明返回實驗室工作，他看到一些他之前清理工作檯時隨手放在一旁的使用過的培養皿。弗萊明一直想研究出一種可以在不傷害人體的情況下殺死細菌的化學物質。當他檢查那些培養皿，想看看有哪些可以再次使用時，他發現有一個培養皿長了一團黴菌，而那團黴菌竟殺死了培養皿中原本生長的金黃色葡萄球菌。

這團黴菌就是青黴菌，弗萊明將第一個抗菌藥命名為青黴素（Penicillin，音譯為盤尼西林）。雖然弗萊明完全是在意外的情況下發現盤尼西林，後來也經過了另外兩位科學家長達數年時間的奉獻投入，才精煉為最後使用的藥物。盤尼西林的及時問世成為二次大戰期間的神奇藥物，拯救了無數傷口感染、罹患白喉、壞疽、肺結核和肺炎的患者。一九四五年，這三位科學家共同獲得諾貝爾獎，然而這一切都是始於弗萊明在一次意外中得到的阿卡西靈感。

查爾斯·固特異（Charles Goodyear）同樣因一次意外而有了改變歷史的發現。當時他為了使橡膠能夠維持彈性，苦尋硫化橡膠的方法。固特異堅持進行這個計畫，最後還陷入負債，但他仍不放棄。他一開始認為高溫是他要解決的問題之一。有一天，他不小心把一塊橡膠掉進火爐，卻發現高溫其實才是解答。

他因此知道，如果在加熱前先將硫從橡膠去除，橡膠就能維持彈性。一八四四年，固特異獲得硫化塑膠的專利權。多年後，汽車成了風行的商品，來自俄亥俄州的兩位男子以這位意外間發現如何控制橡膠材質的發明人之名，為他們的輪胎公司命名為固特異。

威爾森·格雷特巴奇（Wilson Greatbatch）發明心律調節器的時候，他事實上是在研究心律紀錄器。在實驗過程中，他誤拿了一個電阻器想要記錄心跳，卻反而產生電極脈衝，他立刻明白自己在無意間找到了以電流刺激心跳的方法。他後來花了幾年的時間縮小儀器體積，並在一九六二年因為他發明的植入式心律調節器而獲得專利。和弗萊明一樣，他在無意間獲得的靈感拯救了無數世人的性命。

上述的故事都很引人入勝，但它們和莎拉的食譜、ＤＮＡ的解碼，以及阿卡西紀錄有什麼關聯呢？事實上，在所有的情況裡，都有一些重要的共同元素，而且都離不開

能量的影響。如果你想要敞開心接收來自阿卡西紀錄的自發靈感或意外發現，你必須要更加清醒地覺察自己的能量。當正確的能量元素聚集一起，你的生命力便會延伸至阿卡西世界，並從紀錄裡取得你最需要的靈感。

✔ 意圖、行動及放下：三元素的匯集

無論是製作美味可口的派，還是發現世上最重要的生物學突破之一，阿卡西紀錄的無限資料庫都能提供相關資料，這些資料會以各種意想不到的方式嘉惠世人。但這類靈感和這些看上去甚至像「意外」的發現，究竟是如何發生？事實上，還真的有個秘密配方能夠幫你在生命中調製這類驚人的體驗。

首先要探討的兩個主要成分就是**意圖和行動**。這些能量元素會驅使你的生命朝向可能產生共鳴的各種強大連結前進，包括與阿卡西紀錄的連結。然而，要產生這種奇妙的同步性，需要非常特定類型的行動和意圖。讓我們來看看究竟這些元素是如何齊集一起開啟了紀錄的資訊流動，並且創造出那些不可思議的奇蹟。

1. 意圖

我們在日常生活中有數不清的意圖。有許多只是出於簡單尋常的日常活動。譬如，開車上班、吃飯、打電話給朋友、完成一些家事。這些活動背後都帶有目的，但我們很少會這樣認為。

大部分人都認為意圖或目的只跟重要的目標有關，像是賺錢、追求愛情，或是找到新工作。雖然這些都是很實在的目標，但它們並不都能代表我所說的那種會帶來真正價值和神奇結果的最高意圖。

真正能創造出神奇結果的個人意圖具有以下的能量：

- 發自內心地想創造某個有價值或令人愉快的事物。
- 真誠地渴望服務、教育、協助或提升他人的生命品質。
- 與個人的生活目標、興趣及日常活動一致。

你可以看見這些意圖元素如何在莎拉的美味派和穆利斯解碼DNA的案例匯集。雖然這些案例很不一樣，但它們各自代表了一個具有價值的目標、一份想提升生命經驗和品質的真誠渴望，以及一種結合個人興趣的活動。

如果要穆利斯想出能夠製作出美味可口的派食譜，幾乎不太實際，就像要莎拉解碼DNA一樣不可能。因為這些發現無法跟他們的意圖或行動產生共鳴，而「行動」正是從阿卡西紀錄取得資料的第二要素。

2. 行動

在這些案例以及上述所有的「意外」發現當中，有一個共同點就是他們都在重複與意圖有關的行動。當一個人奉獻自己大部分的時間和精力從事某類追求時，這種重複性的努力能夠接通更多紀錄裡的資料，加快推進他們實現目標。你的日常行動會在你生活中創造出一種能量慣性，這種能量慣性既可以阻止，也可以加速接收阿卡西紀錄的靈感。

以下是能夠提升接收訊息能力的行動：

- 你的工作符合前面所敘述的更高意圖。
- 你重複去做的活動或事情是你的熱情所在或生活方式。
- 專注的行動而不是急迫的行事。

在上述提及的所有案例，他們所從事的活動都與他們想為世界帶來某種有價值事物的意圖是一致的。他們對自己的目標都有著發自內心的熱情，而且日常活動也都專注於目標上。

3. 放下

在這些案例（以及更多其他案例）裡，神奇的訊息拼圖的最後一塊就是**放下**。這個方法不只適用於接通阿卡西紀錄，也適用於許多方面的追求。**臣服**的喜悅、**釋放**努力與急迫感、**信任**所帶來的內在平靜，這些都是加速同步性與顯化意圖的強大能量。

穆利斯不是在實驗室找到他的答案，答案是他在開車途中悠哉欣賞著四周的自然美景時不請自來。他的行動與意圖早已設定在那個方向，當他放鬆下來，不知不覺便開啟了接收訊息的管道。當他的真誠渴望與他當下心靈的平靜調諧一致時，這個一致性就會將資料從阿卡西能量場移動到他的現實裡。而他並不是唯一有這樣經驗的人。

愛因斯坦常說他最重要的發現都是在他沒有思考手邊問題時得到的。有關愛迪生的報導也經常提到愛迪生在實驗室放了一張小床，他經常在那張小床小睡片刻後就有了他要找的答案。

這就是阿卡西紀錄的美妙之處。資料就在偉大的振動意識場等待著你，早已準備好要向你揭示，帶給你啟發；只要你放鬆自己並打開心去接收。因此，設定你的意圖吧，把有價值和意義的事物帶入你跟其他人的生活裡。無論是個新食譜、一首音樂作品，還是一個偉大的科學發現，對目標懷抱熱情，並且朝那個方向採取持續且專注的行動，然後，休息一下。放下、信任，保持平靜。神奇的事便將發生。

不斷擴展資料的形態形成場

正如我們在第二章討論過的（參見第55頁），意識及資料的形態形成場一直在振動著，隨著類似共振的興趣和意圖的積累不斷擴展。發現和發明的形態共振之所以能以各種不同方式啟發人們，顯然是因為能量場不只接收訊息，它們也發送訊息。

就在此刻，在我們稱為阿卡西紀錄的意識能量場，資料一直都在擴展和延伸當中，這是這個充滿著未來發現及當下靈感的場域的作用。這些擴展和加速的模式正在人類的廣大意識場積累著，等候回應那些能夠將自己的意圖和行動調諧一致，真正敞開心靈接收資料的人。

事實上，有關各種發現的資料或訊息一直都在那裡等待著人們接收。有時候，在同一時間或是很接近的時間裡，會有不只一個人接通了相同的資料。這是能量擴展的功能，它推動這個世界做更好的準備。當參與其中的個人——以及準備就緒的世界——與資料本身的能量調諧一致時，發明就會擴展到地球各地。這說明了人們在近代史看到的現象——同時出現的發明：不同的人分別「意外地」或不約而同地發現相同的資訊，而這些人通常彼此間並不認識。

同時的發明——共享的資料

同樣的醫學發現、技術發明和科學突破經常會同時發生在好幾個相距遙遠的地方。來自阿卡西場域的資料可以在同時間觸及不同的人，帶來發明上的重要進展，有些案例甚至還很具競爭性。以下便是其中的幾個例子。

燈泡

雖然很多人認為是愛迪生發明了燈泡，但當時有好幾個人都在進行同樣的計畫，而且確實搶先愛迪生一步。愛迪生真正發明的是一種在發光上更有效率的燈絲。他的產品有好一段時間在市場上佔有絕對優勢。

電話

亞歷山大・葛拉罕・貝爾（Alexander Graham Bell）被認為是電話的發明者，但是在美國和別的地方也有其他人在設計相同或類似的系統。事實上，另一個發明家跟貝爾在同一天申請電話的專利，但那個發明家在一場激烈的官司中輸掉了他聲稱擁有的專利權。

汽車

歐洲與美國有很多人都得到靈感，想要製造不同形式的汽車。正如其他的例子，在這個案例，由於人類集體意識層面的時機已經成熟，加上許多人釋出他們的能量與意圖，世界也已準備就緒，汽車技術的訊息場於是擴展開來，觸及並啟發了世上不同國家的發明者。雖然許多美國人認為亨利・福特（Henry Ford）發明了汽車，其實在德國、法國和美國都有人宣稱自己才是汽車的發明者。但福特繼續開發並完善了裝配線，他的公司是世上第一家生產平價汽車的公司之一。

電視

費羅・T・法恩斯沃斯（Philo T. Farnsworth）被稱為電視的發明者。事實上，在「電視」這個名詞還沒被創造出來前，它被叫作「法恩斯沃斯發明」（Farnsworth Invention）。其實在法恩斯沃斯之前就已經有好幾位科學家(以個人或團隊合作的方式)發現了無線電影像的重要特性。在今天，每天都有數十億人使用電視，而當時許多人都參與了發明製造的過程，因此要說誰是真正的第一位發明者是不可能的。

✔你在宇宙的紀錄全息圖

這是很有趣的訊息，它證實了一個充滿生氣與振動，而且一直不斷擴展的資訊能量場的存在。無論是在我們個人的生活層面或全球層面的體驗上，這個能量與意識都會推動我們向前發展。但相對於所有科技上的進步和醫療上的發現，這對你究竟有什麼意義？

它的意義是，在這幅由無盡的資料和振動中的因果所織成的難以置信的巨幅織錦，你，是其中的一部分。世界的能量穿過你，圍繞著你。而你比你以為的更接近你所尋求的答案，雖然它們可能是以隱約的微弱形式出現。

你各個部分的能量，累積成你個人的獨特共振。

你整體身分的共振向各個方向移動，並以數不清的方式與宇宙潛在的可能性連結。這個連結過程對世界的振動紀錄是很重要的部分。

事實上，你的共振和你的紀錄會與每個人的振動及紀錄產生不同程度的連結。早在你有意識地連結前，最能與你產生共鳴的人與解答就會被你吸引過來。這就是本章提到的科學家和發明家的情形；他們的能量先與儲存解答的場域產生連結，接著答案就即時出現在他們的現實生活。要知道，有許多解答和支持你的人正在回應你此刻的能量與意圖，這些人與答案會在適當的時間和地點被吸引至你的生命。

你是個非常特別、獨一無二的個體，沒有人和你擁有同樣的個人紀錄——沒有人！正如我們之前討論的，你的個人阿卡西紀錄代表了每個部分的你——過去、現在，以及未來潛在的你。這些紀錄與你的情感、情緒、信念、盼望及恐懼一起振動；這些紀錄並且隨著你豐富的全息圖擴展；這個全息圖就是你完整和永恆的自我。

你靈魂的力量也是那個自我的一部分，而它能與其他人在靈魂的層次上連結。這個強大的精神體是你的一部分，正如那個有時會令你不斷產生懷疑或是變得軟弱的個人自我也是你的一部分一樣。然而，儘管擁有強大的力量，你這個令人驚奇的部分卻似乎遙不可及，而且它的存在往往不如你的肉體感受那般令人信服。但這部分的你始終在那裡，它永遠是你可以連結的一部分，並且一直樂意幫助你。事實上，你靈魂自我的紀錄攜帶著你需要的所有恩典、力量、智慧和理解。這些紀錄，連同它們的龐大記憶，隨時能為你提供協助，並且加速你想建立的任何連結。

如果你不確定你要怎麼選擇，或是當你感到無力而需要力量、感到憂慮而需要信任、當面對衝突而需要勇氣時，你的高我都可以帶來你需要的幫助。這個全息的靈性存在體驗過力量、信任和勇氣等所有心靈品質，並且仍然記得它們的感覺。不僅如此，你的靈魂自我還與宇宙的力量，以及宇宙所蘊藏的所有智慧及無限潛能相連結。

你的這部分充滿了活力和磁力，每當你有需要，隨時可以召喚這些神奇的振動能量。你不但能夠召喚想要的心靈品質，你還能將這個美好自我，連同紀錄裡的美麗、價值和魅力發送到宇宙，連結上你渴望帶入生命的有利情境和支持你的人們。

接下來敘述的高我全息圖投射將會幫助你：

1. 召喚在你永恆紀錄裡所具有的最強大的心靈品質；
2. 發送你的高我全息圖，也就是你最具魅力自我的紀錄，連結上阿卡西界域的解答，並即時將你尋求的答案帶給你。

你可以運用高我全息圖投射法來達成上述一個或全部的目的。譬如說，當你的情況需要某種看似遙不可及的精神或力量，而這個精神或力量存在於你的靈魂紀錄，你所要做的就是說出你需要的心靈品質，並感覺你的靈魂正在將它帶到你的心裡——它們生長和茁壯的地方。

無論是自我接納、平靜、力量、信心，或是你渴望由內心顯化的任何其他品質，它都在你的靈魂紀錄裡振動著，隨時準備從你永恆的靈魂之光升起閃耀。你可以在任何時候進行這個練習，你愈常做高我全息圖投射，它就會變得愈容易而且更自然而然發生。

▼練習：高我全息圖投射

你的高我可以接觸到所有你需要的經驗與智慧。除了阿卡西紀錄，它還能連結上你這世生命裡的所有人，以及你在未來可能經驗到的所有情況。透過與高我的接觸，你將體驗到更強大的自信、目標與幸福感，並吸引快樂和成功的未來。因此，透過這個練習去挖掘你本質中那個最強大、最具吸引力和最具連結力量的部分吧。

每次你進行這個程序，你都會刺激宇宙的神秘力量，不但連結上豐盛的創造能量，也與阿卡西紀錄，這個無窮盡的訊息與靈感場域連結，在你生活的每個領域幫助你。因此，放下任何外在世界的想法或顧慮，放鬆你的身體，讓心靈平靜下來，讓自己對高我的能力敞開、對樂意協助你的一切未知力量敞開。這個程序非常重要，把它記錄下來會很有幫助，只要你有大約十五分鐘的放鬆時間，你就可以進行。你的時間不會白費的！

1. 現在，請從三倒數到一。每一次倒數你都會感到自己越來越放鬆。三……深呼吸，你感到一股放鬆的暖流流經全身，從你的手臂往下，慢慢經過雙腿，到達你的腳掌與腳指。二……你感到深深的放鬆，現在，讓你的意識輕鬆且溫和地來到你的心輪。一……讓自己繼續保持在這個平靜和放鬆的狀態。

2. 你慢慢注意到你的心裡飄浮著一個小小的光泡，這個小光泡從心輪發出柔和的光芒。它像是一個鼓脹的氣球，每當你輕輕呼吸時，你注意到那個光泡越來越大、越來越亮，直到充滿了你的胸腔，透過你的全身散發出一道道美麗的光芒。

3. 你慢慢地看見或感覺到這個光球開始上升，它輕緩地升起，從你的心裡浮出，它往上飄浮，飄浮到你的正上方，來到你的前方，閃耀著柔和耀眼的美麗光芒。你注意到光裡有個圖像散發出美妙的能量。那是一個立體的光圖像，那就是你的高我，你那強大、永恆靈魂的全息圖像。

4. 現在，花點時間看看這個屬於你最崇高、最強大、充滿生氣和能量的光圖像。

讓這個光芒四射的美麗球體旋轉，你能從旋轉的球體看到它的每一面，看到自己美麗的光圖像的每一面。

5. 想像你永恆自我的圖像細節——微笑、閃耀、光芒四射。感受你的高我平靜卻強大的能量，這個能量能為你的人生帶來巨大且美好的轉變。

6. 你現在感覺到你個人力量與信心的能量。你感到一股強大的勇氣從發光的高我往四方放射。你感受到這股信心、力量、自我價值和決心的強大能量散發並穿透你的身體，你整個人充滿了這些個人力量。

7. 現在，你感覺到你的高我正在投射愛和接納自我的能量。你漸漸感受到一股強大的愛，它是宇宙所能給的最偉大的愛：無盡的神性之愛。即使你覺得自己從不曾被愛過，你的高我、你的靈魂認識並感受過這個無條件和全面性的神性之愛。

8. 花些時間去感受這股愛流經你的全身。你知道你值得被愛，你知道你應該愛你自己。你值得，而且你也選擇去愛自己。

9. 現在，好好看看由你的真實自我所發出的這道明亮光芒，你感受到一種過去從未有過的力量與自信——那是真正看重自己並信任自己價值的感受，你知道**你值得擁有美好的生活**。

10. 現在，花些時間觀察並感覺你的高我全息圖裡的所有美好能量。信心、能力、愛、力量、尊重，以及對自己的信任，這些都從你永恆生命的源頭，你的永恆靈魂散發出來。這些心靈品質一直都在你內在深處，一直是你的真實本質的一部分。

11. 你的高我投射出它最具吸引力與共鳴的能量之後，來到那個有著一切解答的偉大阿卡西能量場。現在，讓自己將高我的光，連同它強大的力量和價值向外發送到宇宙，高我的能量傳向四面八方，進入了宇宙時空，所有的人都能看見它發出的璀璨光芒，宇宙也欣然接納你的高我光芒。

12. 你感覺到某件美妙的事將要發生，你注意到有許多的光芒開始從遠處朝向你的高我所發出的光芒移動。

13. 你意識到這些光是你最深處渴望的顯化，是你夢想與目標的實現，是你尋求的解答，是你渴望的靈感。無論它們是否跟事業目標、個人健康、創意的計畫或財務成功有關——無論是怎樣的連結，它們都在能量界域，在有著一切潛在可能的阿卡西場域等候著你，要與你此刻的生命力量連結。

14. 你尋找的答案就在前方，它透過能量形式與你的高我聚合。當你看著這許多人、許多想法和解答所發出的光芒時，你感覺被強烈吸引。你知道宇宙正在回應你的永恆能量，回應你的璀璨光芒。

15. 現在，你可以祝福並將其他的光影像送回宇宙。你很有把握這些美妙的答案與結果將會穿越時空來到你的生活——為了回應你的永恆能量而來。

16. 將所有的光影像釋回宇宙，然後看著你自己全息圖的光回到你這裡。你知道這個美妙的永恆自我始終與你同在，始終與阿卡西場域連結，始終樂意回答任何問題，並將你渴望的任何力量或感受帶給你。

17. 你自身光芒的美妙振動現在回到你這裡了。請將你最崇高、最強大、最具共鳴的那個自我全息圖移降下來，直到它完全環繞在你四周，你感覺自己被它包覆，你感到很自在舒適。

18. 你感覺到高我的能量與力量充滿著你，在你內在深處充滿活力地脈動著，並且由你的內在向外散發出去。

19. 你的高我現在完全環繞包圍著你，從你之內充滿著你，並一直對外散發它的光芒。感受高我帶來的能量，那個能量包含了一切——力量、信心、能力、信念、愛與自我尊重。每當你需要任何這些能量或情感，或渴望任何更高層次的感受，你知道自己可以隨時召喚這個永恆自我的美妙全息圖，它會把你想要的能量帶給你。

20.
現在從一數到三，慢慢地回到你所在的這個時間與空間，你現在充滿了你的強大和永恆自我所帶給你的美妙感受。一……回到這個時空。你的永恆自我一直都在你身邊協助你，將訊息、能量、靈感、啟發，以及成功的經驗帶進你的生命。二……你現在回到這個時空了。在未來你將繼續與這個有力量的自我建立更深的連結，它一直都與你同在。無論你需要勇氣、魄力、平靜、智慧、耐心或力量，只要深呼吸，說出你需要的能量，然後感覺它在你的內在振動並且對外散發。你的高我有能力給你所需的一切。三……你現在回到這個時空了。你尋找的解答已經在阿卡西場域成形。你現在可以完全放下你的問題，敞開心接受所有美妙的靈感與支持，而且你允許它們以神奇且意想不到的方式出現在你的生命。

＊　＊　＊

阿卡西界域的羅曼史

我第一次想出這個全息圖投射冥想是在我第二次離婚的期間。（讓我修正一下說法，因為我越來越相信並不是我想出了什麼，我只是阿卡西界域所委派的報導者。應該這樣說，某個人或某個東西將訊息傳給了我，而我只是試著把它表達出來。）

正如我剛剛說的，我當時正在辦第二次離婚手續，雖然我再也不想步入婚姻，但我知道我還是會與人交往，而我希望跟我在一起的是個負責任、理智、有同情心的人。有一天，當我正要入睡時，腦海突然出現一個念頭，我想，如果我把我最高的振動發送出去，那麼我就會吸引到某個和我在那個層次有共鳴的人。

於是我決定將那個最健全和正面振頻的高我全息圖發送出去。我在腦海中觀想它投射到時空中，並確信我正在吸引一個理想的伴侶。我是在四月時開始使用這個方法，到六月我就遇見了現在的丈夫（他說服了我再婚）。我對這個結果驚歎不已，於是把這個冥想法放進CD。後來我也從許多人口中聽到他們用這個方法找到理想的愛情。

這件事告訴我，阿卡西紀錄充滿了生命力的振動連結。我同時也透過在日常生活中做出尊重和榮耀自我的選擇來支持這個全息圖練習和意圖，我知道我會找到適合的另一半。我也用這個全息圖投射法找到了一個很棒的出版社——賀氏書屋（Hay House）

和我前面提過的，從俄羅斯收養的兩個孩子。而我跟孩子們的所有歷史都已寫在阿卡西紀錄裡，只等著我去開啟和解讀。

每個人與阿卡西紀錄的深層連結已經存在，而我們現在正在書寫的生命紀錄會使更多的深層連結浮現。**活出靈魂的選擇和更高的意圖**會協助開啟我們的紀錄，使我們了解這些強大的連結，並創造出終極的阿卡西因（Akashic Cause）。

阿卡西因

連結阿卡西場域會顛覆遊戲規則，相信這個訊息已經非常清楚。你可以有意識地接通這個蘊含潛在可能的振動，它有時甚至還會神奇地不請自來。你能夠使它成為你生命中的真實力量。透過**尊重自我**、**行動**、**慈悲**和**愛**的和諧意圖，你提升了生命能量，而你的共振將與宇宙能量的流動同步，使你的目標成為現實。

然而要了解，這些的發生並不只是因為你渴望某樣東西。有許多人想要中樂透，他們每個禮拜也都採取行動，但只有極小一部分玩家連結上中獎號碼。想發財、想過得富裕是很好的事，而阿卡西紀錄也以它絕對的肯定告訴我們，我們已經非常富足，而且這個富足超乎我們的想像。

你所能創造的最棒的阿卡西因就是**活得有目標並心存感恩**——清楚覺知到你的靈魂意圖並感激每一個你能表達生命的珍貴時刻。如果你在你所做的工作、所尋求的療癒、所渴望的平靜與喜悅的實現過程中，都展現勇氣和毅力，你就是在做出與生命共振的選擇。而這個共振所產生的阿卡西效應，將使你的人生旅程充滿與靈魂的深刻連結和奇蹟。

摘要

- 導引作用是能量的同步現象，它能帶來驚人且往往令人意想不到的結果。
- 無限的資料和無窮的創造力充滿宇宙的每一處，如果你的意圖與行動一致就能啟動和它們的連結。
- 來自阿卡西紀錄的指引可能是自發的靈感，或人們刻意尋求的結果。有時訊息會透過某個看似意外的事件顯現（也許透過靈體的幫助）。
- 同步性會展現它的神奇力量。無限的資訊和振動中的因果編織成一幅不可思議的美妙織錦，而你的紀錄就是組成這幅織錦的一部分。
- 你的高我是個全息圖，你的真相就深深地鑲刻在這個全息影像裡，只要你需要，你可以隨時使用它的美妙振動和強大的品質。

PART

IV

無盡的紀錄

「你的靈魂正在書寫一本書，而夢想是它的插圖。」

——瑪莎・諾曼（Marsha Norman）

第十章

未來紀錄：時間就是現在

我們已經知道阿卡西紀錄能夠揭露過去的資料，並幫助改變現在，但它們的功用不僅於此。阿卡西紀錄存在於所有的時間與空間，能夠對你的可能未來提供重要的洞見。請記得，未來一直是以可能的能量在振動著。未來紀錄並非已成定局而無法改變；它們是由我們現在和過去的能量，以及一切有關的共振所決定。

如果你回想第三章那個不可思議，預測了鐵達尼號沉船意外的那本書的故事，你也許會認為有些事是註定的。然而，我們很清楚看到相關人士的意圖和選擇原本可以很大程度地改變結果。同樣的道理也適用於你，以及你的家庭、你的國家和這個星球的未來。

阿卡西紀錄儲存了**所有**可能出現在你未來的影像，包括那些基於你當前能量和行動而最有可能發生的事件。觀看這些**可能性**的未來會是無價的工具，因為它能幫助你在當下做出最好的選擇。

你絕對有能力根據你自身的渴望與更高的意圖來塑造你想要的未來，並打造你現在的能量來支持它們的實現。這需要計畫和準備，但它不會是一廂情願或不切實際的期望。因為這個潛在的能量非常強大，非常「阿卡西」。

快轉

一位名叫維珍妮亞的個案很想看看她職業的可能前景，她做了「觀看未來可能」的練習（第228頁），想知道依據她目前的能量與現況得到升職的可能性有多少。

她要求「基於目前的情況來了解她職業的未來可能。」但當她打開影像紀錄，看到的卻是未來離婚的情景，你可以想見她的訝異。

她看見畫面裡的自己和她先生面對面坐在一張大桌子前，兩邊各有一位律師陪同。他們正在討論孩子的監護權問題，她先生說：「妳為什麼會想爭取共同監護權？自從妳升職後，妳就沒對孩子盡到母親的責任。妳從開始爭取升遷也就不像是我的妻子了。」

維珍妮亞要求看見未來，她也確實看見了即將發生的事。紀錄給她看到與現在能量有關的訊息，強烈且清楚，而那個訊息使她清醒了。

她一直沒意識到自己對於爭取這次的升職是這麼執著——她是如此投入，以致於放棄了許多和兩個孩子相處的活動，她錯過了足球賽和鋼琴獨奏會，而且常常在孩子上床睡覺很久後才下班回家。她先生代勞她的工作，並努力保持耐性，但她缺席家庭生活的情形已經變得很嚴重，他甚至開始懷疑她是否有婚外情。

她從紀錄裡看到的結果回答了她對工作的問題，答案清楚告訴她，她會得到升遷，但也顯示了她不願看到的棘手後果。維珍妮亞愛她的先生和孩子。她並不想離婚。事實上，她甚至不想發生因自己近來的努力而無法陪伴家人的情形。她向來很喜歡陪孩子寫功課，全家人一起晚餐，說說笑笑他們的一天。

然而，她現在很矛盾。有部分的她仍想爭取這次的升職——以及升職帶來的聲望和金錢。但一想到可能導致婚姻破裂和之後的孤單生活，她實在很崩潰。

她決定尋求上司的建議，詢問是否可能得到升遷，但減少晚上加班的時間。雖然上司很同情她的煩惱，但仍告訴她，減少工作時間跟升職不可能兩全。他還指出，一旦確定升職，她的工作會比以前多得多，甚至會有更長的時間無法陪伴家人。他明智地告訴她，她必須決定什麼對她更重要，而無論她做什麼決定，她都要學著接受後果。

幾經思考後，維珍妮亞意識到失去她愛的家人和一起建立的家庭是她無法接受的事。她也知道自己必須努力重建曾有的親密關係。於是她做出選擇，留在一個允許她擁有更多家庭時間的職位，她也發現自己比過去更快樂、更放鬆，比以前更能享受生活。雖然她還是喜歡升職帶來的金錢與肯定，但她明白，如果沒有她愛的人與她分享這一切，升職也絕不可能帶給她快樂。

這個案例讓我們看到觀察可能的未來紀錄所帶來的意義與作用。當我們明白，只要我們在每個當下帶入**清醒的意識與清晰的意圖**，就可以改變某個未來結果，我們就知道我們確實具有力量。畢竟，正是我們所做的每一個選擇，決定了我們命運的方向。

正如愛德加．凱西所指出的，每一刻、每一個選擇和每一個想法，都記載在你個人的阿卡西紀錄。無論你是否意識到它們，那些紀錄都在形塑你的未來前景。當你持續有意識地寫下我們在第七章談到的健康和正面的思想、情緒、行為、行動和靈魂紀錄時，你便是將力量與療癒帶到你的現在紀錄，並將無限的幸福帶進你的未來。

我們對未來的意圖，無論是個人生活或職業規劃，通常都跟創造幸福有關。這是為什麼探訪**可能性**的未來紀錄會如此有幫助——不必然是要預測結果，而是知道如何透過目前的選擇和行動使渴望的未來成真。

你可以透過接下來的練習一瞥你的未來紀錄。記得，一次選擇探究一個問題就好。就像維珍妮亞一樣，你也許會發現你最渴望得到的東西未必會帶來你想要的結果。你或許也會發現，你現在就可以採取一些行動來加速顯化過程，甚至創造出更幸福的結果。敞開自己去接收指引吧。

✓ 練習：觀看阿卡西紀錄裡的可能未來

就如你可以去阿卡西紀錄圖書館觀看過去一樣，你也可以透過同樣的程序去觀看可能的未來前景——無論是關於你自己、他人，或是這個世界。你可以要求在夢中接收訊息，或透過冥想來開啟紀錄，以你覺得最舒服或最熟悉的方式來進行。以下是一些你可以運用在冥想的簡單步驟：

開始前，決定你想要觀看的特定問題或情況，專注在你的意圖或疑問上。你可以這麼說，「讓我看看這次找工作的結果。」或是「我會懷孕並有個健康的寶寶嗎？」也可以是不那麼具體的意圖，像是「讓我看看我在五年內的生活。」這個練習可以透露許多有關家庭、健康、職業和其他方面的訊息。

1. 冥想前，先讓自己放鬆。讓你的意識來到心輪，放下一切的掛慮、分析和預期。

2. 你現在感覺或看到自己正朝向你的神聖殿堂（或紀錄殿堂或永恆紀錄圖書館）前進。

3. 釋放想要看到（或讀到）你渴望的結果的念頭，打開心，願意接收任何你能收到的相關情境和人生的重要資訊。

4. 心裡想著你設定的意圖或問題，然後開啟你的個人紀錄書或是觀看你的紀錄螢幕。要求你的紀錄嚮導在場協助也會很有幫助。

5. 你現在看見或感應到書本正自動翻到最適切的頁面——或是看到螢幕有了畫面，正要播放你需要的資料。

6. 你平靜地觀看答案，可能是看到某個場景或一些句子。

7. 你以平靜客觀的態度接收你看到的可能未來。你會看到這個資料是有原因的，因此請以開放的心接受。

8. 如果你想看到更久遠的未來，讓自己帶著這個意圖來到更久之後，看看那個特定的情境怎麼發展。不要問別的問題，但如果你得到的資料很多種，想想它們之間有何關聯，如何能應用在你原本的問題上。

9. 看完事件或情況的發展後，詢問你的嚮導或指導靈是否還有其他事是你需要知道的。你也許還想問問你目前可以做些什麼，以便有更健康和幸福的未來結果。

10. 感謝你的指導靈，現在慢慢讓自己的意識離開這次的體驗。把你對這個問題得到的所有印象寫下來。

＊　＊　＊

開啟未來

未來之旅聽來或許有些奇怪，有些人甚至會害怕知道未來將發生的事。但這個練習事實上是有關啟示而非預測，這才是我們應該看待的角度。

一窺未來像是趟歷險的旅程，然而我們當下的每一刻都在為它設下基調。當你探訪未來時，你也許需要一些時間來理解看到的事件意義，或思考要如何套用在你現在的情況。給自己一點時間，記得，你永遠可以透過改變現在而改變未來。

在進行開啟未來紀錄的練習時，記得以下幾點會讓這趟旅程更順利、更自在、更有效益。

■你體驗到的畫面只是**可能的**未來事件。沒有什麼是絕對和不可改變的。你看到的景象僅是基於你目前的能量模式而可能有的結果。當現在的紀錄改變，未來紀錄也會隨之改變。

■如果你尋求的結果沒有出現，不要沮喪。看看是否有什麼做法可以幫助你重新設定目前的方向。在使用了那些方法後，你可以再次探訪未來，看看事情有怎樣的轉變。

■如果你看見未來發生某個艱難或創痛的事件，不要慌。你總是可以自由地改變你的個人生活、職業、身體或認知模式。事實上，這就是解讀未來紀錄的主要目的。

■帶著愛觀看未來的自己，當你探索可能的未來時，花些時間問問未來的自己，有關你的人生、你的目標和你現在的方向，未來的你有什麼話想告訴現在的自己。

✓ 阿卡西紀錄——你撰寫未來的記錄室

雖然接下來的程序跟上一個練習有些類似，但**解讀**可能的未來跟在紀錄圖書館**設定**

你想要的結果還是有很大的不同。

很多人都知道，從能量上來說，觀想你對未來的目標是使你的目標成真的重要方式。在未來阿卡西紀錄的架構裡觀想未來，更能顯著加速實現你的意圖。

正如所有的觀想練習，你可以創造一個心智畫面，一個你理想中的未來影像，然後將目標或結果寫入你的個人紀錄。在你決定這些未來影像要如何出現時，要確定你沒有帶著任何自我受限的觀點。

觀想成功的未來影像，最重要的是這些影像要能令你興奮，而且你相信可以成真。如果你常對未來抱持負面心態，請放下那樣的想法並創造一個正面的新影像。你在心裡觀想以及在紀錄裡的畫面，需要跟你本身的能量、意識和期望校準一致才行。

接下來的這些事項能夠幫助你做好設定未來阿卡西紀錄的準備：

1. 觀想自己獲得成功和幸福的畫面

你希望自己是怎樣的人？有怎樣的感覺？如何舉止？看起來如何？無論你的那個理想自我看似離現在的你有多遙遠，讓自己在心裡創造那個影像。冥想著那個影像並感覺它的能量。你要相信這個成功和幸福的自我影像有實現的可能，每天花些時間觀想這個幸福的自己如何度過一天。經常運用這個練習把美好的自我形象設定到你的紀錄裡。

2. 觀想自己達成目標後的開心畫面

依照你想要的結果觀想畫面。把自己放到那個畫面裡，讓自己感受達成目標的愉悅與興奮。有時候把你如何完成目標的過程寫下來也會很有幫助，然後你可以觀想自己把這段文字放入你未來的阿卡西記錄本。

當你在現實生活中朝你想要的結果努力時，你對於你的未來目標也要能保持彈性。對各種選項保持開放，同時對幸福的未來抱持樂觀的展望。隨著時間過去，你可以對期望的未來體驗加入更多的細節，像是環境、你的家、工作，甚至是假期，你可以把這些也放入未來影像。大膽想像，大膽紀錄！

觀想是很有力量的工具，加入快樂和興奮等情緒元素更能顯著增強它的力量。當你有意識地將愉悅的視覺圖像放入未來紀錄時，你的特定意圖與宇宙豐盛的流動和同步性會更為校準一致。而當你的個人紀錄和諧地織入了宇宙的紀錄，奇蹟便會發生！

練習：編寫未來紀錄

你可以用許多方式將未來成就的種子放入你的個人紀錄檔案。以下是一個簡單的短版本，而在更正式的版本裡，你可以使用前面提到的「觀看可能未來」的練習（第228

頁），只是以不同的意圖或目的替代。在這個練習裡，你不是要求看見與某個特定情況有關的可能結果，而是打開觀看的螢幕，看到自己置身於所觀想的結果或情境裡。你看到自己達到目標後的興奮情景，然後指示你的個人紀錄將這一幕接收為你的事實。

雖然指導靈在這個版本不需要在場，但你還是可以要求他與你一起（參考第181頁）。而在觀想完你想要的未來紀錄後，你可以詢問指導靈是否有幫助你實現夢想的任何建議。結束體驗後，將這些成功的未來影像交給你的紀錄指導靈，也交給阿卡西紀錄，並相信自己已經將未來的意圖記錄在一個很有威力的地方。

接下來的版本會使用你的神聖殿堂或紀錄圖書館（參考第73頁），你也可以請你的指導靈或紀錄天使與你一起。他們很有力量，他們對你愈熟悉就能提供愈多協助。這個未來紀錄的設定程序比較短也比較簡單。每天只要花幾分鐘就能完成，但它的效果很強大。事實上，你愈常做這個練習，它就變得愈有趣。你將會感覺到那些前來幫助的靈體的臨在，而且深深感應到他們對你的支持。

以下就是編寫未來紀錄程序的簡單版步驟：

1. 在心裡先準備好你要觀想的畫面細節、影像和情緒。每次進行只要專注在一個目標就好。有時先寫下觀想的過程和結果會很有幫助，包括發生的細節和情緒感受。

2. 進行這個簡單練習的最佳時機是在入睡前，當你感到疲倦而大腦頻率已經接近阿爾法波的時候。關上會讓你分心的電視，但可以放點輕柔的音樂。

3. 深呼吸，讓自己放鬆。一邊深呼吸，一邊想像你的意識輕輕飄向你的神聖殿堂或紀錄圖書館，那個你與你的指導靈或紀錄天使會面的地方。

4. 繼續放鬆，讓自己開心地觀看獲得成功時的美好畫面。這個畫面在你的紀錄螢幕播放，也或者是出現在你的未來紀錄書裡。你看到這些畫面正如你想要的情節和結果，好好感受這個影像帶給你的喜悅。

5. 隨著畫面即將結束，你將這個體驗放進你未來實相的紀錄裡。接著觀想你的嚮導或天使將這幅影像帶到充滿一切可能性的能量界域。感謝他們，你知道他們也會為你的目標努力。

每幾天或幾星期就做做這個簡單的觀想練習。不要掛心結果，把結果交給紀錄的能量界域，放下一切擔憂。

每天都以行動和自我肯定的能量來支持你所設定的未來紀錄，也就是你觀想的畫面。釋放那些會助長你質疑或不信任自己的念頭。如果你的腦海出現負面影像，將它交給充滿愛的紀錄指導靈，在你努力改變自己能量的同時，他們也會繼續協助你。無論情況看來如何，永遠都要選擇對自己和未來人生抱持開心和正面的看法。

＊＊＊

▼將紀錄植入未來

我有個朋友自第二個孩子出生後，就一直想要一間更大的房子。他在自己腦海可以清楚看到那棟房子的樣子，每天晚上他都會花幾分鐘觀想他的家人住在房子裡的畫面，接著他會將這個影像放進他的未來紀錄。最後，他會把它放下，然後抱持平靜和信任的態度。

在連續這麼做幾個月之後，有一天，當他正在瀏覽房地產廣告時，他突然看到他想像畫面裡的房子。不過，售價比他預存的買房基金還要高。他不知道要從哪裡補足頭期款的差距，於是他決定用同樣的方法。他雖然擔憂那棟房子會被賣掉，但他拒絕因此變得緊張，他告訴自己他永遠都可以找到另一棟房子。

他再次進行觀想——這次他觀想自己收到一張支票，剛好是他需要的金額。他持續好幾個禮拜進行這個未來紀錄的設定過程，但他有時也會懷疑是否有幫助。每當他的心裡有疑慮時，他總是釋放疑慮，並將想像畫面交給天使，或是放進他的未來紀錄書裡。

雖然花了些時間，但他的確收到了一張支票，金額正吻合他的需要——而且還更多！原來他和他的兄弟們曾繼承一小筆產業，在市場上兜售數年後終於賣掉，他分到的錢正好足夠支付他不足的差額，而且還有剩餘。當然，他也驚喜地發現那棟他數月前找到的房子還沒賣掉，他於是順利買下了那個房子。他寫在自己未來紀錄的願景終於成了他的現實。

你也許覺得很難想像，但觀想你渴望的結果並把它寫入未來記錄是絕對可行的。只要觀想渴望的未來畫面並放入你的紀錄裡，然後將它放下，不去掛心。如果你需要採取什麼行動，在心情平靜時去做。當你選擇在每個當下享受快樂與平靜，你便是在以實際行動支持你所想望的未來幸福。要知道，你一直在將那些情緒感受寫入你的現在紀錄裡。記得，你的靈魂在任何情況都能看見值得開心的事，並且也能創造喜悅。你可能還沒意識到這點，但這事實上才是你永恆的存在狀態。

靈魂的觀點

靈魂對於塵世生活的看法與我們的個人看法很不同。將靈魂的觀點想成是一個演員要飾演他／她的角色，雖然角色很短暫，但很重要的一點是這個演員會以儘可能多元的層次來創造和詮釋扮演的角色。層次愈多，角色就變得愈有趣。

當這齣特定的戲結束，演員會帶著來自這個角色的經驗與洞見繼續扮演下一個角色。如果戲裡的角色遇到苦難，演員在現實生活中並不會為此感到困擾。事實上，角色的經歷和情緒愈有挑戰性，演員就必須做更多準備，也因此會有更深刻和廣泛的體驗。每一個具挑戰性的角色都會讓演員有所學習與成長。

在某些方面，這就是靈魂對於人世生活的態度。即使我們幸運地活到很大的年紀，靈魂清楚知道我們在塵世的經歷是短暫的。從永恆的角度來看，這一世的生活無論多漫長，都不過是轉瞬間的事。雖然如此，從我們個人和永恆演化的角度而言，我們在每一世所採取的態度仍然非常重要。隨著時間的推移，我們的靈魂將進入另一世，扮演另一個角色，而靈魂對於挑戰與祝福總是抱持歡迎的態度，因為不論是挑戰還是祝福，目的都是為了你的喜樂和開悟，而這兩者同樣重要。

相較於角色對演員的挑戰，我們在人生中所遭遇的困難，像是寂寞、失落和貧窮，其實並沒有更艱難，這些對我們的永恆自我來說算不上是什麼難題。所有的事件，無論正面或負面，都是靈魂學習和演化的重要機會。自我控制、智慧的增長、紀律、擴展內心的愛、服務與悲憫等等這些目標，都是靈魂邁向開悟道路的一部分。

你的靈魂在書寫紀錄時、一直知道這些目標。你的永恆自我對於你此世的體驗也有比你所知的更大規劃。也許你此刻完全沒有意識到自己的更崇高計畫，你也許正沮喪地望著面前的阻礙——心智或情感上的依附、自我和自尊的問題、寂寞、貧窮，或對某事物的渴求，這類折磨確實會阻礙你通往幸福與成功的道路，然而學會如何療癒並超越這些挑戰與難題，正是你進化過程的一部分。

當你開始從靈魂的觀點來看待事情時，巨大的轉變就會發生。

要知道，每個體驗都是在幫助你了解這個重要的真相：你從每個體驗所學到的，要比體驗本身更珍貴。

事實上，**真正重要的並不是發生在你身上的事，而是你如何回應它們**。記得，你有能力看見你的永恆真相，召喚你的阿卡西力量，並將勇氣、平靜及神性智慧帶入每一個當下。

當你學到生命教給你的課題，你就能活出阿卡西觀點帶給你的安然自若，沉著平靜地面對人生經歷，在人生旅程中朝著靈魂目標前行。你的靈魂是一切的解答，這就是終極的阿卡西真相。將自己從衝突中釋放吧，活在美好的，沒有掙扎與強求的平靜裡——屬於靈魂的美好平靜。

摘要

- 未來事件存在於能量的可能性裡，你可以探訪這個可能性，並決定你現在要做出什麼改變以便創造出最理想的未來結果。
- 你可以用你的阿卡西紀錄螢幕作為未來記錄的影像室，吸引並顯化你想要的未來。
- 藉由創造你自己和目標的正面影像，你把這些畫面牢固地放進你的未來紀錄。
- 無論處在多艱困的情況，你的靈魂知道每個事件都是帶來學習、療癒及成長的寶貴機會。

第十一章
阿卡西目標、力量與靈感

查爾斯．狄更斯（Charles Dickens）的《小氣財神》（*A Christmas Carol*）自一八四三年問世後從未絕版過。它被翻譯成數十種語言，改編成無數劇本、電視節目及戲劇作品。這個故事講述一個吝嗇老人透過個人頓悟而改變了自己和許多人的生命。但是你知道這個動人心弦的故事也跟阿卡西紀錄有關嗎？

想想看，這個老紳士（透過靈體的幫助）能夠回到過去並親眼看見他的選擇與當時的周遭境況，他也能審視他現在的生活並看到他擁有的鄰近可能性。最後，他被帶入他未來可能前景的紀錄，而那個未來無可避免地是基於他現在的行為、態度及選擇。在那個未來裡，他和那可愛的孩子小提姆都在即將到來的聖誕節死去。

透過幾次不同的時間旅行和對阿卡西紀錄的體驗，他明白自己再也不想繼續追求他過去執著的事物。事實上，當史古基看著自己的墓碑，他禁不住向將要到來的聖誕幽靈求情。他說：

人們所走的道路總是預設了某些目的地，如果堅持下去，他們必然會抵達……但若離開了那些道路，結局就會改變。好精靈……向我保證吧，如果我改變我的生活，我也能改變你顯現給我看的那些可怕陰影。

幽靈並沒有回應他，但史古基在聖誕節早晨醒來後，他知道了答案。當他意識到他仍然活著時，他的精神重新振奮起來並對生命充滿了深刻的感激與熱情。於是史古基繼續在現世寫下美好的新紀錄，那些紀錄充滿慈悲、慷慨及幫助世人的目標——比他過去所曾擁有的目標都更崇高。

我們可以清楚看到，史古基查看並改變了自己的未來紀錄，而且由於他的愛心介入，小提姆並沒有死，史古基自己也活了下來，並因熱心助人而為人所知。史古基知道了何謂聖誕精神，而且整年都活出那樣的精神，因此寫下喜樂的今生紀錄。

雖然狄更斯從來沒明確指出，但史古基運用阿卡西紀錄那不可思議的力量，以及靈體所帶來存在於以太界的訊息，不但造福了自己，也造福許多人。馬里的鬼魂曾為史古基求情並預測了他的改邪歸正，這也揭示了阿卡西紀錄的另一個重要功能，那就是**預**

告可能的未來並觀看現有的選項，以便改變未來。

乍看下，《小氣財神》只是個動人的警世故事，提醒我們不要生活在痛苦和一再的強求中。當然，更重要的是它的道德提醒，提醒我們應該將我們對社會的責任放在首位，並瞭解我們每個人都互相連結。在更高層面上，它告訴我們，我們有能力觀看過去與未來，如果我們能對阿卡西紀錄的資料持開放態度，我們就可以從根本上改變我們生命的品質。

來自阿卡西紀錄的靈感

《小氣財神》不只是有關阿卡西紀錄的故事，它也是個例子，告訴我們阿卡西紀錄如何能觸及人類心智並帶來重要的啟發。事實上，我相信狄更斯以如此優美文筆所寫下的這個故事是得到阿卡西紀錄的啟發，是阿卡西紀錄給的靈感。在寫給朋友的信中，狄更斯描述了他是如何在夢中接收到這本書的開場幕，而在夢中接收來自阿卡西紀錄的例子並不罕見。

狄更斯也有在深夜漫步倫敦街頭的習慣，他會在散步時思考他寫作中的小說。這可以說是一種散步冥想。他在散步時思緒漫遊，腦裡都是故事要如何發展的想法。他曾告訴一位友人，在寫作《小氣財神》期間，他有時一個晚上會走上十英哩，腦裡裝滿了畫面與構思。

他會將那些想法寫下來，散步時接收更多的靈感，然後編寫到劇情、角色和對話裡。當然，他自己並不知道，但他事實上是連結上阿卡西紀錄的靈感，而這個連結為這世界帶來了一部不朽的重要著作，一百七十多年來始終引人入勝並啟發人心。

我說我相信狄更斯在創作這個故事時是連結上阿卡西紀錄的說法，絕不是要貶低他作為作家的才華。事實正好相反。正如我們在第九章看到的，最常受到啟發和得到靈感的正是那些擁有最偉大能力和才華的人。他們的能量、意圖和行動與阿卡西界域如此強烈共鳴，以至於創造出一個開放且流通的管道，整個宇宙也都因這個連結的結果受益。

無論你想得到的是哪方面的靈感，阿卡西能量場永遠向你開放。愛因斯坦在坐公車時接收到相對論的靈感。事實上，許多人是在睡夢中或是做白日夢時接收到他們所需的創意訊息。冥想和放鬆也是接收靈感和解答的好管道。

你需要做的就是設定一個專注的意圖，甚至只是樂意去接收任何靈感和發現就可以了。將那個意圖融入你的日常生活，放輕鬆，然後放下。你也可以向我們之前談到的靈體和指導靈要求協助。宇宙想要促進的是表達、創意、進化和開悟。而你想要成長並為這個世界帶來某種美好事物的決心與宇宙的意圖是一致的，因此紀錄自會進入你的心智與心靈。

✓ 練習：祈請阿卡西紀錄的協助

無論你尋求的是指引還是靈感，無論是與工作、科學研究、創意表現，還是和解決個人或專業問題有關，你都能接收到出乎意料的指引。下面的禱文可以幫助你打開紀錄之門。

在入睡前或冥想前唸出下列任何一段（或是你自己寫的禱文），然後打開心，準備接收指引。

「我邀請慈愛的紀錄之靈前來，我感謝收到的任何療癒訊息和有幫助的資料。」

「我正在連結偉大的阿卡西場域的能量與指引。阿卡西紀錄已向我開啟，我開放自己的心，準備接收我尋找的所有資料。」

「我的心靈永遠歡迎來自阿卡西世界的智慧與指引。我以出乎意料的奇妙方式獲得靈感和啟發。」

＊　＊　＊

這個簡單的連結意圖和請求能使你敞開心扉，接收來自阿卡西紀錄的重要資料。正如接下來的案例，我自己也曾有過類似經歷並得到相當顯著的結果。

阿卡西紀錄的回應

我曾經有位個案在職場總是很沒自信。佩姬一直有低自尊的問題，我們努力讓她在社交場合、與家人的相處，甚至在戀愛關係感到自在。雖然花了一些時間，但她漸漸地能夠自在展現自己。不過，她還是會對自己在工作方面的表現感到焦慮。她當時被困在一個不喜歡的工作，而她完全相信自己能力不足也不夠聰明，因而無法改變現況。

我們使用肯定語和冥想幫助她在其他領域的表現，經過一段時間之後，她也總能有所突破。但在職場上，她對自己卻很嚴苛，怎麼就是無法在職場環境裡感到自在或自信。

有天晚上，我上床睡覺時正想著佩姬的事，我很希望能夠幫助她看見她內在的美好本質，並幫助她在工作環境裡放鬆。當我要入睡時，我大聲說：「一定有什麼簡單的方法可以幫助佩姬改變這一切。」

這是個簡單的陳述，但感覺起來更像是個請求——甚至像是在向宇宙下達指令，一個尋求幫助的懇求。

那天晚上我作了個夢，那個夢透露了一個不可思議的簡單方法，只要配合肯定語句，就能完全轉變一個人的能量和體驗。它配合很簡單的手勢——將兩手的指尖（食指和中指）放在眉輪，雙眉之間的能量中心，或被稱第三眼的附近。那個夢向我仔細說明了那個姿勢，並給了我特定的肯定語句，用來解碼負面模式並編寫健康和有益的真相來取代。那是個非常簡單卻又巧妙的方法，可以為你的意圖增加動能，加速過程的進展，並產生不同凡響的結果。

我將這個特別的手勢教給佩姬，她也變得愈來愈自信和自在，在工作中更能表達自己。現在她是一家跨國公司的主管，負責籌辦大型會議。過去的她只能勉強籌備十到十二人的業務會議。

後來，我寫了《你的量子突破密碼》，書裡描述我在夢中被教導的方法和程序。我收到來自世界各地的讀者寄來的電子信件，告訴我那本書如何改變了他們的人生，療癒了傷痛、恐懼症、成癮行為等等。但我要先說明，這不是我發明的。我當時需要一個特定的解答，我由衷地想幫助佩姬，我表達了我的意圖，而充滿智慧與資訊的偉大阿卡西場域就這樣進入我的心智，將我所尋求的資料帶給我。

任何陳述、祈禱和發自內心的請求，都能為你開啟紀錄之門——甚至是在你最意想不到的時候。

因此，大聲說出你的意圖吧——然後把它放下。無論你是想幫助他人、想完成一項工作、學習一個新技能，或是提升個人才能，你所尋求的協助都在阿卡西界域等著你去連結。

▼建立你的智囊團

阿卡西靈感會協助你的個人技巧和才華，提升你的能力到新的境界。事實上，我們可以從阿卡西紀錄學到許多知識並得到啟發，而且有很多很棒的靈體可以為我們帶來這些資料——尤其是在個人興趣和才華方面。

這些靈體也許是你在過去世的熟人，或是專業領域跟你類似的歷史傳奇人物和大師。他們也可能是古老社會的成員，從你永恆記憶裡的某個年代帶給你靈感，這些資料事實上一直都儲存在亙古存在的阿卡西紀錄裡。即使你不是很確定自己想追求哪種才能或技術，你也能在紀錄裡找到答案。

同樣地，如果你覺得自己在前世曾具有你現在感興趣的技能，你可以運用第六章的前世觀看練習（請見第132頁）召喚那個經驗。你也可以針對你想要發展的才能或技巧創造一個意圖，這個意圖會帶你回到你曾在那個領域有所成就的人世。你可能會看到當時的自己正在運用一些自己這世不知道的技能。你也可能會遇到那一世的知名學者或老師，而他們現在住在靈界，非常樂意在你專注的領域為你提供指導。一旦你知道了這些美好的靈界指導靈，你就能用下述的練習持續召喚他們，向他們請求協助和啟發。

你的智囊團成員並不限於你前世所認識的人。它可以，也可能包括歷來最偉大的大師，那個領域的傳奇人物。如果你在政治界，你的指導靈可能是歷史上的偉大領袖。如果你追求的是科學成就或發明，那麼當愛因斯坦或愛迪生回應你的呼喚時，不要太過驚訝。如果你對藝術、音樂或新聞工作感興趣，你可以向竇加、蕭邦或愛德華·穆羅（Edward R.Murrow）的靈魂求助。

這些偉大的思想家熱愛他們的工作，他們渴望繼續研究，而且也想幫助你。因此不要認為有名的人就不會想知道你是誰，或是不會想幫助你追求卓越。他們的出現會令你驚喜不已，不要讓你的懷疑阻礙了這個連結。

藝術連結

我曾經為一位藝術家個案解讀。她以油彩和水彩作畫，而且小有成就。她希望自己的藝術能更上層樓，但不太知道該怎麼做。

在進行解讀時，我看見畫架那裡有個人站在她身後並向她耳語。當我問這個男人是誰時，我聽到的名字是「莫內」。

這個個案正巧很喜歡莫內，而且很仰慕他。但她猶豫是否該相信我。她問，為什麼這麼偉大的人會想要幫她，她雖然在地方上有些名氣，但還算不上是全國知名的人物。我說，名氣不是重點，一定有某種共鳴將他吸引到妳身邊。隨著我們的對話，那個共鳴點變得清晰起來。莫內是她最喜愛的藝術家。事實上，她研究過莫內並曾在法國的吉維尼（Giverny）學習和作畫，而這個小鎮正是莫內藝術生涯中停留最多時間的地方。

瞭解了這個連結後，她終於接受他可能為她出現的事實，並且開始經常召喚莫內。她在夢裡和在畫架前作畫時，都能接收到許多靈感。事實上，她告訴我她有時會感覺他就在畫架旁。一段時間之後，她的作品和名聲開始飆升。

你可以運用下面的練習來召喚具有特定才華的靈魂，或是邀請任何可以幫得上忙的指導靈在人生中協助你。你現在的興趣在你這一世之前就已存在，因此你也可以呼喚前世的指導靈。事實上，你可以建立一個智囊團，一個能在你專注的領域或項目為你提供指導和啟發的夢想團隊。如果你喜歡，也可以在神聖殿堂的螢幕上看到自己正在從事你有興趣的活動。

∀ 練習：來自時代傳奇人物的靈感

想想不同時代曾經啟發過你的傳奇人物——偉大的科學家、藝術家、詩人、哲學家、政治家和領袖。古今的許多人物都曾將他們的能量傳送到你的心、你的頭腦和你的生活裡。你可以呼喚某人的名字，或想著你想接收的相關資料，然後開放自己的心，接受出現在你面前的人物。不要認為他們因為很有名氣或顯要而不會回應你。當他們還在實體世界時，他們一直努力將他們的願景和理想帶到這個世界，現在他們也希望協助你做同樣的事。這些靈體很樂意將他們的影響力帶進你的生命、你的目標和你的夢裡。

1. 讓自己放鬆。深呼吸，讓肌肉鬆弛下來。深呼吸，放鬆。
2. 再做一次深呼吸，讓你的意識緩緩來到你的心輪。持續放鬆身體的所有肌肉。

3. 你現在更放鬆了，讓你的心靈與意識飄浮到你的美麗神聖殿堂。
4. 你現在進入了你的神聖殿堂，坐在那張舒適，專屬你的大椅子上。你心裡想著你想要召喚的專家靈魂，或是你想得到指引的計畫。
5. 當你感覺有位人物走向你時，保持平靜。注意自己是否感知到某個名字、能量或顏色。感受這位人物的能量平靜地穿透並圍繞著你。
6. 向這位靈體詢問你在生活或工作上遇到的某個情況。這可以是你現在進行中的某項計畫、你想發展的某個技巧，也可以是你還未學會的某樣東西。現在，讓這個靈魂提供你一些訊息。
7. 這個訊息會以對你來說最舒適自在的方式出現。也許是文字、一句話或影像的形式。
8. 現在，讓這個專家靈魂告訴你他／她會（就你的問題）採取的行動。開放自己的心去接收任何得到的指導或技巧。
9. 你現在感覺這個專家靈魂的才華輕柔地穿透你，穿透你的雙手、你的心靈、你的頭腦、你的聲音。你感覺被強大的才華及創造力充滿。
10. 現在花點時間想想你心裡的計畫。你看到它在完成的狀態，而且有美麗的光芒環繞著它。你對這個計畫感到興奮，並且充滿熱情。你注意到那個靈體也在將光芒與能量灌注到你的計畫，你感受到更大的熱情和興奮。

11. 現在，感謝你的才華指導靈，你知道你在今天創造了一次強大的連結。你知道每當你需要靈感、啟發或方向時，你都可以向這位指導靈（和許多別的靈體）尋求協助。

12. 現在，讓自己回到現在的時空，你會記得你在神聖殿堂體驗到的一切。

接下來的幾天、幾週或幾個月裡，你將收到越來越多的靈感；你會從夢裡和直覺的靈光乍現中接收。請信任所收到的訊息。你知道你隨時可以向你的才華指導靈要求協助和指引。

敞開你的心靈來會見各個時代的偉大傳奇人物和大師。不要害羞，也不要認為自己配不上。你是這個世界的獨特聲音，各個時代的專家都希望幫助你，好讓世人聽見你的聲音。事實上，發現你的才華——並在紀錄指導靈的協助下——與世人分享你的才華，也許正是你的靈魂目標的一部分。

＊　＊　＊

▼追尋目標

根本而言，你的阿卡西紀錄是你的靈魂穿越永恆的地圖。你的靈魂對這次的塵世體驗是有目標的。事實上，你更深處的意圖也許正引導你朝向好幾個目標邁進，包括靈性和個人生活層面，以及你在這個世界的目標。

你的靈性目標可能傾向於尋求與靈體建立連結、釋放內在衝突並找到更大的內在平靜，或是放下執著、找到更純粹的幸福等這類追求。這些追求也會與你的個人目標密切有關，因為你的心理跟你的靈性有著緊密的關聯。

你的個人目標雖然大多與你的日常生活經驗有關，但你的生活不能，也不該與靈魂想要達到的更深刻靈性成長的意圖分開。就個人層面而言，你的靈魂指令也許是要你放下恐懼和憂慮，或是鼓起勇氣說真話，或學著如何更愛自己與他人。

良好和健康的人際關係往往會是個人目標的一部分。無論是戀愛、友誼、家庭或甚至職業上的關係，都會帶來許多挑戰。你可能需要學習尊重自己、展現真實的自我，或是學習表達你的需要，或甚至學習放下。無論你個人的目標是什麼，你都可以檢視自己的生活，如果你對自己誠實，你就會明白你的靈魂希望你怎麼做。

有些人以為在世上有個目標的意思是指對這個世界，或至少在較宏觀的層面上的志向。然而，你在這世上的目標可以是以一種較個人的方式發揮深遠的影響。像是成為關愛和支持子女的父母便是世上最偉大的目標之一，在追求這個目標的過程當中，你的選擇所產生的影響甚至會延伸到之後的好幾代。你也可以在專業和創意表現上找到你在世上的目標，這同樣也有延伸正面影響力的效果。

我們很容易就能看出這些追求在本質上是相同的。譬如說，如果你學著更愛自己、更看重自己，你的家庭跟個人生活就會更快樂與平靜，而你在這世上的工作也會表現得更有創意和有效率。你的靈魂知道，當你追隨你的阿卡西道路（這是你靈魂的更重要指示），你會是走在一條能夠抵達所有目標的大道。

有些人不知道他們這一世的目標是什麼，他們常常覺得迷失和茫然，困惑於自己接下來該做什麼。事實上，你可以使用阿卡西紀錄來為自己找到答案。即使你知道你的靈魂指令，看看你的「目標之書」往往也會讓你有所領會，使你的目標更為清晰。

你可以運用以下的方法來取得有關你的目標的資料，並且接收如何達成目標的指引。每當你需要更清楚了解某個特定目標、某段關係或某項個人追求時，你都可以運用這個技巧。

練習：目標之書

接下來的練習會帶引你造訪存放在紀錄殿堂裡的目標之書。你可以向它詢問你在靈性、個人或情感方面的目標，你也可以直接打開書，閱讀書裡的深刻洞見。

邀請你的靈魂指引你，然後依照下列步驟進行，敞開心接收指導。你將會知道你的目標，以及要採取哪些步驟朝目標邁進。

1. 深呼吸，放鬆。讓你的意識，你的注意力輕柔地飄到你的心輪。
2. 繼續放鬆，你感覺內心充滿了平靜。你注意到在你前方矗立著一棟莊嚴堂皇的建築物，上面有個牌子寫著「我的紀錄殿堂」。
3. 你現在進入了這棟建築物。環視周遭，你注意到房間中央有個高大的木桌或講台，上面放著一本很美麗的大書。
4. 你看著那本書，書的封面寫著你的名字和「我的目標之書」。你知道你永恆自我的智慧與力量會透過這本書帶給你資料，包括你尋找的目標，或針對任何事物的指引。
5. 保持平靜和放鬆，你現在可以說出你的意圖，或是問一個與你的目標有關的問題。你慢慢地注意到在你面前的這本書自動翻開了，它會翻到寫有你所尋求指引的答案那頁。

6. 你注意到書停在某一頁了。那一頁可能有一些字，或是上方飄浮著影像。無論是什麼，它都透露了跟你的目標有關的訊息，並且讓你知道要如何實現。現在，花點時間注意細節。你也許只看懂片段，但請放心，隨著時間過去，訊息會變得清晰和完整。
7. 當你知道了你的目標，你有種理解和接受的感覺。
8. 現在，你注意到書頁再次自動翻開，向你提供更多的洞見。
9. 接收並接受這些資料。你可能直覺地知道它們的意思，但隨著時間過去，你會對這些資料有更深的理解。
10. 現在，你可以把一切都放下。你知道你隨時能回到這個紀錄殿堂。所有你需要的指引都在這裡等候著你。

* * *

做出阿卡西選擇

追隨你的目標將帶引你到各種情況，你會面對各類選擇，而這些選擇顯然會導致不同的可能結果。每當你看著各個不同選項，發現必須從中選擇時，你都可以搜尋阿卡西紀錄來找到你需要的答案。

我們終其一生一直在做無數的選擇。有些選擇是例行的日常事項，像是晚餐吃什麼或上班穿什麼。我們通常是根據自己的直覺或當下的偏好來決定這類選擇。而有些表面上看似例行的選擇，在做出決定前最好問問自己，「哪個選擇最能讓我感到光榮？」

事實上，這個問題應該是在做任何決定時的首要判斷依據。無論你在做什麼或選擇什麼，問問自己，「這會使我感到光榮嗎？」或「這會榮耀我嗎？」這個方法將使你走在你的靈魂道路上。這個榮耀自己的意圖就是認知到你的永恆價值。這個方法也會幫助你做出更健康和有益的決定，使你持續走在自我掌控的道路上。

選擇榮耀自己絕不會使他人蒙羞。當然，如果你過去曾經不尊重自己，接受不光榮的做法，而現在開始朝榮耀自己的方向邁進，其他人也許會感到失望甚至憤怒。如果有這個情形，請記得，選擇榮耀自我絕對是你的靈魂目標之一。因此，把它當作是你內在的指標。如果你對自己誠實，你的內心會知道什麼能榮耀你。而你也許會需要鼓起勇氣與力量做出能榮耀自己的選擇。

當你知道怎麼做會使你感到光榮，你還是會需要在生活各方面做出許多決定。例如，決定進哪一所大學、搬到哪個城市、選擇哪個工作，甚至哪支股票——這些決定都很可能改變你的一生。而阿卡西紀錄就存在了每個選擇的可能結果。

當你必須做決定的時候，你可以使用兩個程序來探究你的選項。兩者都能揭露阿卡西紀錄的資料，但方式相當不同。第一個是盲讀法（billet reading），第二個則是觀看你的靈魂地圖。

billet 這個字來自法文，有短箋或便條之意。這個程序很簡單，但就像這本書的所有程序一樣，它需要你相信自己的直覺。當你有好幾個選項而你想知道哪個選項最好時，你就可以使用盲讀法。

➤練習：用盲讀法做選擇

進行前先想好你的問題。譬如說，如果你要從三所不同的大學做選擇，先思考每個選擇背後的邏輯和理由。如果你仍然不確定，就進行下面的練習。

1. 在紙條上分別寫下每個選項的名字或相關資料。將紙條分別放入信封後密封。每個信封的形狀、顏色都必須相同，這樣才不會突顯任何一個選項。

2. 將這些信封放在你面前的桌上。深呼吸，放空思緒。放鬆。放下你對這個問題的所有掛慮。

3. 選一個信封，把它拿在手上（有些人喜歡拿到靠近心臟或心輪的位置）。花點時間去留意你是否察覺到任何感覺。你可能會感到精神一振，或是恐懼，甚至是疲倦感。接著再花點時間在這個信封上面寫下你的感覺。

4. 注意是否有任何字句或影像出現腦海，如果有，也把它寫在信封上。當你把所有的印象、想法都寫在那個特定信封上後，把信封放在一邊。

5. 做幾個深呼吸。放空思緒。放下之前的所有想法和感受。伸展一下身體或是喝口水後再繼續。

6. 準備好後，再選一個信封，重複同樣的步驟，直到完成桌上的所有信封。

在做完所有信封之後，你現在可以打開它們，看看裡面所放的選項，並讀讀你剛剛在每個信封上寫下的阿卡西印象。大半的信封文字都會透露明顯訊息。比方說，如果有個信封寫到「疲倦、憂慮、遲到、孤獨」，這可能表示信封裡的大學會使你感到有壓力、課業繁重，而且交不到什麼朋友。如果另一張寫著「陽光、鳥兒、快速移動」，它可能表示你會過得比較快樂，感覺自由，而且時光飛逝。

這些都是很明確的答案，但有些印象可能比較模糊，無法給你想要的清楚指引。如果是這種情形，你可以運用接下來的靈魂地圖練習，或是第十章的「觀看可能未來」的練習（第228頁）。

練習：你的靈魂地圖

你可以運用神聖殿堂的方法，在螢幕上觀看你的地圖，也可以使用你的紀錄殿堂，打開紀錄之書裡的地圖。記得把得到的印象寫在阿卡西日誌。

1. 讓自己放鬆，選擇上述提到的一個觀看方法，然後想著你的問題。
2. 繼續放鬆。當你更放鬆時，你會看到在你面前出現一張地圖（它甚至可能看起來像是個GPS螢幕）。
3. 陳述你的問題，譬如：「如果我選擇走這條路（做這個決定、去唸這所學校等等），會是什麼情形？」
4. 慢慢地，你看見地圖像是有了生命，地圖上的道路有道光向前移動。

5. 跟著那道光並注意經過的街道或路標。只是它們不是街道名，而是一些描述的詞彙，其中有一些會喚起你心裡的感覺。

6. 比如說，路標也許寫著「有趣」、「浪漫」、「工作辛苦」，或甚至「繼續走下去」或「現在回頭」。你也許會看到像是花、鳥或建築物的影像。保持心情平靜和放鬆，把那條路帶領你經過的地方都記下來。

7. 路標漸漸消失中，這時你知道你已經到了這個特別旅程的終點。

8. 結束時，花點時間在你的日誌寫下你的印象。即使你沒有得到太多資料或是訊息對你不夠清楚，隨著時間過去，你會有更深的瞭解。

＊　＊　＊

記得，未來存在於純然的可能性裡，你所接收到的答案是潛在的、可能的結果，它也是基於目前能量模式的結果。隨著你改變你的能量——以及周遭情境能量的變化——你將看到不同的結果。

也要記得，你的靈魂有一些你目前尚未意識到的計畫與目標。當我在思考嫁給我第二任丈夫時，我曾做過這個練習。我經歷過第一次辛苦的婚姻與離婚過程，我真的希望這次的選擇是正確的。於是我打開我的地圖並得知婚姻的前景。我看見了「啟蒙」、「新的開始」以及「旅行世界」這些字。

這些都令我感到興奮，我覺得它註定是一次美好的體驗。但是隨著時間過去，我發現我們之間有難以忽視的嚴重分歧。我們有知性上的共鳴，但就是無法令婚姻的其他部分上軌道。

於是我疑惑地圖是否提供了錯誤的訊息。然而，隨著時間過去，我終於了解這段經歷的意義。雖然這段婚姻結束了，但它確實為我帶來了改變一生的體驗。因為是我的第二任丈夫讓我認識了量子物理學，以及那些形成我書裡概念的理論，而除了著書，我也在世界各地的研討會教導這些原理和概念。如果我沒有和他結婚，我幾乎不可能會知道成就我今天個人生活和專業生涯的這些能量原理。從某方面來說，那次失敗的婚姻也為我開啟了阿卡西紀錄！

無論你選擇什麼方式，觀看未來可以是有趣和好玩的。但我們不該因此不以為意。不要把盲讀只當成小把戲，你並不是憑空想像出正確答案。在前面的兩個方法，你都是在平靜地將你的意識傳送到阿卡西場域，取得能夠提升你的生命體驗並揭示靈魂意圖的資料。

這需要信任與內心的平靜才能做到，需要放下迫切的心態和對結果的執著。阿卡西紀錄永遠都在那裡，它不只帶給你指引，更會使你的人生充滿目標、智慧、能量與滿足，它希望提升你的振動，讓你與你居住的宇宙能更為同步。當你與自己的真實本質共振，當你意識到你的真正力量與價值時，你將會發現，美妙的奇蹟與魔法就展現在你面前。你會過著美好的阿卡西生活。

摘要

- 你可以設定個人或專業領域的目標並將它們融入你的日常生活。持續採取行動，然後放鬆，放下。
- 你可以召喚特定的才華指導靈，建立起你的智囊團。你也可以要求在特定的目標上得到協助。敞開你的心，信任你接收到的訊息。
- 你的靈魂來體驗這次的塵世生活是有目的的，而阿卡西紀錄就是你的靈魂行經永恆的地圖。
- 每當有各種選項而你必須做出選擇時，你都能透過搜索阿卡西紀錄找到需要的答案。
- 觀看你的未來紀錄是取得資料幫助提升生命，並且揭示靈魂目標的有效方法。

結語：阿卡西生活

你的靈魂演化之路將你帶到當下這刻。你的永恆生命長河中所發生的一切引領你走到了這裡。這一刻是個轉折點。你現在想做什麼呢？

你在這一世有東西要學、有事情要做，也有目標要實現，而你靈魂真相的紀錄可以為你指點迷津。當你持續與這個真相連結，你就開啟了一個通往古老智慧和未來發現，以及通往內在平靜和外在成就的能量管道。

放下腦袋裡的強求與掙扎，從心而活。這個由心發出的共振，會與廣闊和振動中的阿卡西場域產生最深刻的連結。因此，深呼吸，讓自己活在靈魂的力量；在這個身分裡，阿卡西力量的智慧、勇氣和自由都永遠屬於你。

你有能力使活著的每一刻都有更深的意義，並且更深刻地體驗你的力量。你的過去世和未來世正在當下這一刻交會。請讓自己感受此刻在你自身無可估量的價值裡，那股無盡之愛的能量。將天堂最深遠處的喜樂與平靜，帶入你平日的生活，你的阿卡西生活的每一刻。

你永遠可以自由地改造自己，開創新的未來篇章，甚至改寫一個不同的過去。

問自己一個問題。如果你要寫一個關於自己的故事，寫一本你是英雄（或壞蛋？）的小說，你會怎麼寫你的下一幕？你的故事現在要往什麼方向發展？阿卡西紀錄就是你的生命小說，而你現在正在寫下一章，正在將一縷縷絲線編織進這幅描繪你永恆生命故事的織錦。

你是作者、導演，也是主角。要怎麼寫你的紀錄是由你自己決定。請儘可能有意識地、清醒地生活，努力在每個當下都做到這點。要始終意識到你的思想、你的願景以及你的每個選擇裡所具有的力量。請時時刻刻記得，**在每一個當下，你一直在編寫自己的故事。**

因此，請後退一步，看看自己的人生。試著去明白，你的靈魂和它的旅程都是阿卡西紀錄的一部分。你的經歷、思想和情緒，全都是這個振動紀錄的一部分，對你如此，對所有靈魂亦然。這些紀錄以非常特定的方式連結並結合在一起。你自身的紀錄與其他人的紀錄緊密交織，成為亙古以來的永恆紀錄的一部分，而那個永恆紀錄就是我們所有人共享的振動實相。

這個紀錄與世界的連結是不可否認的，而且它跨越了時間與空間。歷史上的每一個人都有自己的個人能量場，每個人的能量場振動又與其他人的能量場振動交織，然後以驚人的方式擴展特定的能量與意圖。這個聯合能量會與環境和宇宙意識本身的共振連結，不斷創造出更豐富的資料與振動，事實上，這個無限的資訊和振動正是阿卡西紀錄的源頭與本質。

你要記住的最重要一件事就是：

你——和你的紀錄——遠遠超乎你所能想像。

你的永恆紀錄裡有著深刻的愛、神聖的思想、創造的能力，以及療癒自己和這個世界的潛能！

當你與這個始終存在的能量產生連結，你便接通了宇宙本身的力量。當你在每個當下以更高意識的思想和情緒生活，並做出每一個選擇時，你將會改變生命的共振和品質。很快地，你的紀錄將會顯示愛、成功、幸福與創造力，充滿了你的阿卡西生活的每一刻。

園丁後記

我相信，閱讀完這本書，已開啟你內在的力量和對宇宙的信心。

但人性是健忘的，生活中也總有些事會讓我們分心。所以時不時翻一下這本充滿正面能量的書，提醒自己，你是有力量的。你的意識和選擇，不單影響自己和身邊的人，甚至影響這個世界的能量走向，因此請好好運用和發揮靈魂的力量。

這本書，以及宇宙花園每一本書裡談的道理和知識，事實上，都早在你的心靈深處，並也瀰漫於宇宙之間，只是你有沒有去思索，願不願意去實踐。

請記得，永遠選擇能夠榮耀靈魂的做法。

這是最單純的生活方式，也是提升振頻的不二法則。

宇宙花園　先驅意識 14
解密阿卡西紀錄——輕鬆開啟宇宙無窮的力量、智慧與能量
The Akashic Records Made Easy——unlock the infinite power, wisdom and energy of the universe

作者：珊卓・安・泰勒（Sandra Anne Taylor）
譯者：張志華、蕭寶森
初稿譯者：陳雅馨（第 8-11 章，結語）
出版：宇宙花園有限公司
通訊地址：北市安和路 1 段 11 號 4 樓
e-mail：service@cosmicgarden.com.tw
編輯：宇宙花園　特約編輯：黃浩填（第 8- 11 章，結語）
內頁版型：黃雅藍　封面設計：高鍾琪
印刷：鴻霖印刷傳媒股份有限公司
總經銷：聯合發行股份有限公司　電話：(02)2917-8022
初版：2020 年 10 月　　三刷：2023 年 5 月　　定價：NT$ 420 元
ISBN：978-986-97340-4-2
THE AKASHIC RECORDS Made Easy

國家圖書館出版品預行編目（CIP）資料

解密阿卡西紀錄：輕鬆開啟宇宙無窮的力量、智慧與能量
珊卓・安・泰勒（Sandra Anne Taylor）作；張志華，蕭寶森 譯.
-- 初版. -- 臺北市：宇宙花園, 2020.10
　面；　公分. --（先驅意識；14）
譯自：The Akashic records made easy : unlock the infinite power, wisdom, and energy of the universe
ISBN 978-986-97340-4-2（平裝）
1. 靈修
192.1　　1009015403